Giust-Desprairies, F./Müller, B. (Hrsg.)
Im Spiegel der Anderen.
Selbstbildung in der internationalen Begegnung

Florence Giust-Desprairies, Burkhard Müller (Hrsg.)

Im Spiegel der Anderen

Selbstbildung in der internationalen Begegnung

Mit Beiträgen von René Barbier, Heinrich Dauber, Béatrice Haber, Marion Kammritz und Fabrice Rosina

Veröffentlicht mit Unterstützung des Deutsch-Französischen Jugendwerks

Leske + Budrich, Opladen 1997

Die Deutsche Bibliothek – CIP-Einheitsaufnahme
Im Spiegel der Anderen : Selbstbildung in der internationalen Begegnung / Hrsg. Florence Giust-Desprairies ; Burkhard Müller. – Opladen : Leske und Budrich, 1997

ISBN 3-8100-1840-6

Satz: Leske + Budrich
Druck: Druck Partner Rübelmann, Hemsbach
Printed in Germany

Inhaltsverzeichnis

Übersetzungen aus dem Französischen von Anette Kleszcz-Wagner

Vorwort

Dies Buch ist ein deutsch-französisches Gemeinschaftsprodukt. Seine französische Fassung ist im Januar 1997 bei Anthropos in Paris erschienen. Es basiert auf einem in Zusammenarbeit mit dem Deutsch-Französischen Jugendwerk entwickelten Projekt zum Thema von Selbstbildungsprozessen im Kontext internationaler Begegnungen. Team und TeilnehmerInnen dieses Aktionsforschungsprojektes hatten sich schon vorher, im Rahmen von Hochschullehre und anderen Aktivitäten, von sehr unterschiedlichen Ansätzen her mit dem Thema selbstinitiierter und selbstgesteuerter Lernprozesse befaßt. Gestalttherapeutische und psychoanalytische Ansätze waren ebenso vertreten wie feministische, gruppendynamische Konzepte und „spirituelle" Orientierungen ebenso wie politische Ideen von Selbstverwaltung – dies alles in „deutschen" und „französischen" Varianten, die zum Teil nur schwer zu einer gemeinsamen Sprache fanden. Die Vielfalt war gewollt und entspricht der Vielseitigkeit des Gegenstandes. Gemeinsam war die Grundüberzeugung, daß die Erforschung und die Anregung selbstbestimmter und selbstgesteuerter Lernprozesse in vielen Bereichen, insbesondere dort, wo es um die Überschreitung kultureller Grenzen geht, eine Schlüsselaufgabe sei. Gemeinsam war auch die Überzeugung, daß es für diese Aufgabe keinen neutralen, objektivierenden Außenstandpunkt geben könne, sondern daß sie nur gleichsam im Selbstversuch angegangen werden kann. Dies allerdings im Verbund einer internationalen und multi-konzeptionellen Arbeitsgruppe zu versuchen, erwies sich als nicht nur lohnend sondern auch schwer zu bewältigen. Lohnend, weil es ein pädagogisch völlig neues Gelände ist; schwer zu bewältigen, weil es sich als unmöglich erwies, die vertretenen Ansätze auf einen Nenner zu bringen und fertige Ergebnisse vorzuweisen.

Die folgenden Berichte und Analysen zu diesem Projekt sind deshalb keine ausgewogene Darstellung. Sie versuchen zwar, der Vielfalt der Diskussionen gerecht zu werden und die kontroversen Punkte fair darzustellen. Aber die beiden Mitglieder des Teams, die als Herausgeber für dies Buch verantwortlich zeichnen, sind ihrerseits keine unparteiischen Beobachter, sondern Beteiligte mit je besonderen Standpunkten, die sich dem Bericht entnehmen lassen. Daß ihre (d.h. unsere) Sicht die Darstellung prägt, ist eine Unvermeidlichkeit, für die wir um Verständnis, wenn auch nicht um Entschuldigung bitten.

Bei der Lektüre ist es nicht notwendig, am Anfang des Textes zu beginnen. Es ist auch möglich, mit den „Abschließenden Bemerkungen" oder mit den Beiträgen der TeilnehmerInnen anzufangen. Vor allem LeserInnen, die zunächst eine anschauliche Vorstellung davon haben wollen, was mit dem Thema „sich bilden" eigentlich gemeint ist, sei dieser Einstieg empfohlen. Auch die Beiträge einzelner Autoren in den Teilkapiteln können je für sich gelesen werden.

Wir danken unseren Kollegen im Projektteam und den TeilnehmerInnen, die ihre Arbeitstexte, die im Laufe des Projektes entstanden, für den Bericht zur Verfügung gestellt haben. Solche Texte sind jeweils mit Namen gekennzeichnet; einige davon mussten für den Abschlußbericht gekürzt werden, wofür wir die Verantwortung tragen.

Besonderen Dank schulden wir Ewald Brass und Ursula Stummeyer vom Büro für forschungsorientierte Programme des DFJW in Paris. Wir verdanken ihnen nicht nur zahlreiche inhaltliche Anregungen und vielfältige technische Hilfe. Ohne ihre Geduld und Hartnäckigkeit wäre dies Buch nicht zustande gekommen. Wir danken Frau Anette Kleszcz-Wagner, die die französischen Teile des Originalmanuskripts ins Deutsche übersetzt hat. Frau Michèle Pottier danken wir für das Schreiben des Manuskripts.

Im Febr. 1997 *Florence Giust Desprairies – Burkhard Müller*

Einleitung

Es macht nicht besonders viel Sinn, einer Gruppe mit dem Ziel des internationalen Austausches zu Beginn ihrer Arbeit vorzuwerfen, daß ihr nicht klar sei, was da eigentlich gelernt werden könne, wenn Menschen aus unterschiedlichen Nationen sich „begegnen". Zum einen führt das multikulturelle Nebeneinander von Menschen (z.B. auf einem internationalen Flughafen oder einer internationalen Konferenz) noch lange nicht zu interkulturellem Lernen, auch wenn alle Beteiligten wissen, was sie da wollen. Selbst wenn „Begegnung" organisiert wird, bleibt das dabei Gelernte immer etwas Unvorhersehbares und Einzigartiges. Interkulturelles Lernen findet erst statt, wenn Schwierigkeiten entstehen, die nur gemeinsam bewältigt werden können, denn das Wahrnehmen von Differenzen kann sich nur schrittweise vollziehen. Ähnlich ist es in internationalen Begegnungsprogrammen: sie setzten zwar voraus, daß alle Teilnehmer ein allgemeines Interesse an interkultureller Begegnung mitbringen. Aber was das praktisch heißt und an welcher Stelle die Einzelnen Erfahrungen machen, die fremde Kultur für sie erschließt, das läßt sich nicht vorherplanen. Zu starr vorgegebene Ziele laufen die Gefahr, diese Öffnungen gerade zu verhindern. Deshalb ist „Begegnung" ein Programm, das zwar vorarrangiert werden kann, dessen Inhalte aber unter dem Gesichtspunkt des internationalen und interkulturellen Lernens von jeder Gruppe neu geschrieben werden muß.

Im Fall unseres Projektes kommt eine weitere Schwierigkeit des Anfangs hinzu. Wir wollten ja im Kontext internationaler Begegnung Erfahrungen untersuchen, die junge Europäer heute machen, wenn die Suche nach dem Sinn ihrer Bildung zur eigenen Aufgabe wird: weil die Curricula ihrer Bildungsabschlüsse offenlassen, was sie damit anfangen können, weil Arbeitslosigkeit und rapide Reorganisation des Arbeitsmarktes für immer mehr junge Leute immer mehr zum Dauerproblem macht, Fragen des Typs beantworten zu müssen: Wer bin ich? Was will ich? Was kann ich?

Mit diesem Band richten wir uns insbesondere an Veranstalter, Animateure, Gruppenleiter(innen), Lehrer(innen), Übungsleiter, Hochschullehrer, institutionell Verantwortliche bzw. weitere Fachleute, die an internationaler Jugend- und Erwachsenenbegegnung beteiligt sind. Die Besonderheit der meisten dieser Austauschprogramme, liegt – wie sich beobachten läßt – darin, daß in ihrem Mittelpunkt spezielle Inhalte und Aktivitäten stehen: themenzentrierte Begegnung mit Schülern, StudentInnen, jungen Berufstätigen, jungen Künstlern, Sportlern, Mitgliedern von humanitären, gewerkschaftlichen, ökologischen Bewegungen, wissenschaftlich und technisch Begeisterten, kommunalpolitisch Aktiven im Rahmen von Städtepartnerschaften, Mitgliedern der politischen Parteien, Gläubigen der verschiedenen Kirchen usw...

Den für jede Begegnung besonderen und speziellen Interessenschwerpunkten wird die Eigenschaft des „gemeinsamen Nenners" zugeschrieben, genau wie den zueinander passenden Teilnehmern: Pfadfinder mit Pfadfindern, Fußballer mit Fußballern, Stadtverordnete mit Stadtverordneten usw. Es geht darum, das Risiko von „Störfällen" zu vermeiden zugunsten gemeinsamer Werte, die alle Unterschiede transzendieren könnten. Man erhofft sich davon die Herstellung einer Einheit nach dem Motto „lieber das, was uns vereint, als das, was uns teilt".

Diese Art und Weise, internationale Begegungssituationen zu konzipieren, erscheint vom Standpunkt der von unseren Staaten in Europa im Verlaufe der letzten dreißig Jahren entwickelten ökonomischen, gesellschaftlichen, kulturellen und politischen Dynamik der „Völkerverständigung" als „natürlich". Die Gefahr dabei ist, daß die fruchtbare Provokation durch die „Störfälle" und die produktive Verunsicherung durch Unterschiede aus der Begegnung „hinaus" definiert werden. Und zwar in der genau selben Weise, wie die „Störfälle" und Verunsicherungen in den Lebensläufen auch sonst aus den Bildungsprozessen „hinausdefiniert" und zur Privatsache der einzelnen gemacht werden.

Das Projekt

Grundlage und institutionellen Rahmen des hier behandelten Projektes bilden die forschungsorientierten Fortbildungsprogramme des Deutsch-Französischen Jugendwerks. Sie werden gewöhnlich als dreijähriger Fortbildungszyklus konzipiert. Es wird ein Fortbildungs- und Forschungsteam gebildet, das eine Projektgruppe einlädt, die sich im Jahresrhythmus ein oder zweimal, je für ca. eine Woche trifft, um miteinander zu arbeiten. Ziel solcher Projekte ist es gleichermaßen, experimentell neue Formen der internationalen Begegnung und der Fortbildung für internationale Begegnung zu erschließen, als auch solche Erfahrungen theoretisch zu verarbeiten und ihre Relevanz für andere Projekte und Prozesse internationaler Jugendbegegnung und interkulturellen Lernens zu zeigen. Das Projekt umfaßte nach der Eröffnung in Vaucresson bei Paris, drei weitere Begegnungen: in Germerode (in Hessen), in Chambon (im Massif Central) und in Freiburg am Oberrhein.

Die Akteure

Die Forscher waren Hochschullehrer an deutschen und französischen Universitäten. Es waren für Deutschland: Burkhard, Heinrich und Isis, für Frankreich: René, Florence und Marc, wobei letzterer sich nach der ersten Begegnung entschlossen hat, die Forschungsarbeit abzubrechen.

Die Teilnehmer an diesen Begegnungen waren Studierende oder frühere Studierende, die bei den an diesem Projekt beteiligten Hochschullehrern studiert hatten. Sie brachten Erfahrungen mit, die sie von den meisten TeilnehmerInnen internationaler Begegnungsprogramme unterschied.

Ihr gemeinsames Merkmal war, daß sie, z.T. neben ihrem Studium, alle bereits im beruflichen Leben standen, meistens als Lehrer oder Ausbilder im wesentlichen in der Erwachsenenbildung.

Sie hatten ebenfalls überwiegend schon gruppenpädagogische Erfahrungen als Teilnehmer oder als AnimateurIn. Sie brachten wichtige Voraussetzungen mit, um sich an dieser Forschung zu beteiligen, welche die Fähigkeit voraussetzte, sowohl eigene Erfahrungen einzubringen als auch, ihre allgemeinere Bedeutung zu reflektieren. Dazu gehörte, die bestehenden Erziehungssysteme hinterfragen zu können und sich auf eine Erfahrung einzulassen, die dem Unvorhergesehenen, den sich aus der Situation heraus ergebenden Prozessen breiten Raum ließ.

Für ein besseres Verständnis dieses Beitrages, werden wir im folgenden die gesamte Gruppe – Teilnehmer und Forscher – als Großgruppe oder als Plenum bezeichnen und die Forschergruppe als das Team.

Überlegungen und grundlegende Annahmen des Projekts

Einige Punkte, können dazu dienen, das Projekt in seinen Grundlinien zu charakterisieren.

1. Ein historisch-politischer „Ort“ des Projektes ist die massenhafte Erfahrung der Abkoppelung von Ausbildungs- und Beschäftigungsmöglichkeiten, die große Teile der europäischen Jugend in historisch neuer Weise getroffen hat und die Bildungssysteme in eine tiefe Krise stürzt.
2. In dieser historischen Situation, in der die Bildungsgeschichte und die Entwicklung von Berufs- und Lebenschancen für die einzelnen auseinan-

dertreten, wird der Imperativ, sich zu bilden, um sein Leben zu meistern, moralisch ambivalent: er ist sowohl Ausdruck der zynischen Tendenzen in unserer Gesellschaft als auch Chance zum Aufbruch aus versteinten Strukturen im Bildungs- und Arbeitssystem.

3. Die außerschulische Bildungsarbeit und die internationalen Begegnungsprogramme der Partner des Deutsch-Französischen Jugendwerks im besonderen sind von dieser Problematik unmittelbar betroffen: Die Vorgaben, die „immer mehr (schulische, universitäre, berufliche) Bildung“ und (in Deutschland) „politische Bildung“ zum Leitziel gemacht hatten, stehen angesichts von Jugendarbeitslosigkeit, ungewissen Zukunftsperspektiven und ungewiß gewordenen Wertorientierungen in Frage. Unklar ist geworden, was eine Pädagogik der internationalen Begegnung für solche Lebenslagen an relevanten „Erfahrungsbeiträgen“ anzubieten hat. Daraus ergibt sich eine Tendenz, die sich immer mehr im internationalen Jugendaustausch durchzusetzen scheint (was auch eine Flucht nach vorne ist, die es erlaubt, sich keine Fragen stellen zu müssen): den Begegnungen „sinnvolle“, „effiziente“ Ziele zu setzen, dieselben, denen auch mit den in beiden Ländern beschlossenen „Sofortmaßnahmen“ (z.B. gegen Arbeitslosigkeit und Ausgrenzung) und „prioritären Projekten“ nicht beizukommen ist. Unklar ist schließlich, wie all diese Bildungsangebote zugleich Beiträge zum Fortbestand und zur Weiterentwicklung der sozialen und politischen Kultur Europas werden können. Das Forschungsprojekt kann solche Fragen nicht lösen, aber es soll doch ein Beitrag zur Antwort auf diese Herausforderung sein.
4. Methodisch orientieren sich die Vorgaben des Projektes auf den Aktionsforschungsansatz. Dieser geht
   a) davon aus, daß alle am Forschungsprozeß Beteiligten sowohl Objekte als auch Subjekte der Forschung sind, weshalb der Forschungsprozeß sowohl als Beschreibung von Erfahrungen und Phänomenen als auch als Selbstreflexion der Beteiligten zu verstehen ist. Es ist ein Prozeß, der dadurch voranschreitet, daß er sich selbst untersucht.
   b) Reflexion über Bildungsprozesse und Aktionen des „Sich-Bildens“ sind hier nicht voneinander zu trennen, weil die Entwicklung der Forschung nicht davon zu trennen ist, daß alle Beteiligten ihre persönlichen Projekte des „Sich-Bildens“ entwickeln und miteinander austauschen.

Zur Wahl der Forschungsmethode ist noch eine Bemerkung nötig. Sie ergibt sich nicht nur aus persönlichen Vorlieben der Forscher und auch nicht nur daraus, daß in Projekten dieser Art durch die institutionell vorgegebene Verkoppelung von Forschung und Fortbildung Aktionsforschung in irgendeiner Form stattfinden muß. Vielmehr ermöglicht Aktionsforschung einen bestimmten Zugang zum Thema des „Sich-Bildens“, der anders nicht zu gewinnen ist. Sie ermöglicht es, individuelle und gemeinsame Lernprozesse zu beschreiben und auf ihre verallgemeinerbaren Bedeutungen hin zu interpretieren.

Forschung, die nur objektivierend beobachtet, kann das nicht. Sie könnte zwar Daten zusammentragen, die belegen, wie die Frage nach Sinn und Zweck von Bildung zum persönlichen Problem sehr vieler Jugendlicher, Studierender und Lehrender geworden ist. Sie könnte die vielfältigen Formen einer schleichenden inneren Emigration aus den Bildungsinstitutionen beobachten. Sie könnte zeigen, wie das Erfüllen formaler Anforderungen bei gleichzeitiger innerlicher Abwesenheit funktioniert. Sie könnte andererseits die Krise schildern, in die Bildungsinstitutionen ohne formalen Leistungsdruck (z.B. Begegnungsprogramme) geraten, wenn nicht nur vorgegebene Bildungsinhalte sondern auch Sinnfragen auf der Tagesordnung stehen. Sie kann aber nicht darstellen, wie mit solchen Erfahrungen umgegangen wird, wie Suchprozesse und Lösungsversuche aussehen. Dies ist nur erfaßbar, wenn Gruppen oder Einzelne dafür gewonnen werden können, in einen aktiven Untersuchungsprozeß ihres eigenen Handelns einzusteigen. Darin liegen große Möglichkeiten. Denn Bildungserfahrungen sind nie nur individuelle Erfahrungen, sondern in dem Maße generalisierbar, wie ihr Kontext expliziert werden kann. Was Bittner[1] über Biographie-Forschung schreibt, gilt auch für Aktionsforschung in Gruppen: „Wenn es gelänge, die Erziehungsgeschichte eines einzigen Individuums richtig, d.h. vollständig mit den zutreffenden Bedeutungsakzenten darzustellen, wären gleichzeitig alle nur denkbaren Erziehungsgeschichten mit aufgeklärt." Aber fruchtbare Beiträge zu dieser Frage sind eben nur möglich, wenn es sich um Individuen oder Gruppen handelt, die bereit sind, Erforschte und Forscher in einer Person zu sein.

Für unseren Zusammenhang bedeutet das, daß solche forschungsorientierten Programme normalerweise nur mit Leuten möglich sind, die gleichzeitig eigene Erfahrungen in der behandelten Problematik und ein eigenes Interesse daran haben, ihre Erfahrungen als Modellfall einer allgemeineren Problematik zu verstehen.

Dadurch sind dieser Methode gewisse Grenzen gesetzt. Wir mußten uns damit bescheiden, „nur uns selbst" als Forschungsfeld zu haben: eine Gruppe von Leuten, deren gemeinsamer Nenner war: einerseits als Lehrender oder Lernender selbst vom Thema betroffen zu sein, auf der Suche zu sein, also das Thema als existentielle Frage zu verstehen und andererseits ein theoretisches Interesse am Thema zu haben, an Übertragbarkeit und Verallgemeinerung interessiert zu sein.

---

1 In Baacke, D., Aus Geschichten lernen, Juventaverlag München, 1979 S.126.

Methode der Erarbeitung des Forschungsberichtes

Diese Prinzipien und Bedingungen haben nicht nur die Zusammensetzung der Forschungsgruppe bestimmt, sondern auch den Entstehungsprozeß des Forschungsergebnisses. Sieht man von den vielfältigen Erfahrungen der einzelnen Beteiligten und ihrer „Fortbildung" ab, so ist dies Ergebnis der schriftliche Bericht, der anderen nützen soll. Man kann sich diesen Bericht als Ergebnis eines mehrfach gestuften Bearbeitungsprozesses vorstellen: Aus dem im Bericht selbst nur bruchstückhaft dokumentierten Erfahrungszusammenhang entwickelten sich „Forschungstagebücher" der Teammitglieder wie auch einiger Teilnehmer. Zusammen mit generalisierenden Kommentaren und Hypothesen zum gemeinsamen Projekt bildeten diese „Forschungstagebücher" die Zwischenprodukte der Arbeit.

Es sind je individuelle Perspektiven und Theoretisierungsversuche eines gemeinsamen Erfahrungszusammenhanges. Der Endbericht, der sich aus diesen Vorstufen entwickelt, versucht eine Synthese dieser Erfahrung. Aber nicht als kleinster gemeinsamer Nenner, sondern als ein Mosaik unterschiedlicher Facetten und Perspektiven. Wir erklären nicht eine Betrachtungsweise des Prozesses zur einzig relevanten, sondern versuchen gerade die Vielfalt individueller Erfahrungsweisen zur Geltung zu bringen.

Gliederung des Berichts

Aus diesen Überlegungen leitet sich die Gliederung des folgenden Berichtes ab:

- Im 1. Kapitel sollen die unterschiedlichen Standorte und Zugangsweisen der Forscher kurz dargestellt werden, die ihr Agieren im Projekt geleitet haben. Diese Standpunkte sind geprägt durch unterschiedliche methodologische Orientierungen: z.B. Gestalttherapie, Gruppendynamik, Psychoanalyse, institutionelle Analyse, spirituelle Konzepte u.a. Aber solche Etiketten sagen nicht viel, wenn sie nicht in ihrem Stellenwert für die Handlungsorientierung der einzelnen sichtbar werden. Das Nebeneinander – und zuweilen das Aufeinanderprallen – unterschiedlicher theoretischer Bezugssysteme war im Kontext des internationalen Austausches sicher keine Besonderheit unseres Projektes. Hier ist es sozusagen normal, daß die Beteiligten unterschiedliche Relevanzsysteme haben. Und der Anfang des Austausches ist, zunächst einmal die Unterschiede zur Kenntnis zu nehmen.
- Aus den unterschiedlichen Standorten ergeben sich unterschiedliche Interpretationen dessen, was in der Gruppe passiert ist, was es da in bezug

auf das Thema „Sich-Bilden“ zu lernen gab und welche dieser Gruppenerfahrungen wie verallgemeinerbar sind.

- Das zweite Kapitel, das im engeren Sinn über das forschungsorientierte Fortbildungsprojekt berichtet, versucht, möglichst die unterschiedlichen Standpunkte und Perspektiven sichtbar zu machen, die unsere Arbeit prägten. Aus einem Konflikt um eine unterschiedliche Interpretation heraus, die auch auf einer unterschiedlichen Auffassung dessen, was eine „gute Begegnung“ sein sollte, beruhte, ließen sich bis dahin verborgene Bedeutungen ableiten, die das, was in dieser bikulturellen Begegnung auf dem Spiel stand (was nicht immer so konsensmäßig war, wie es schien) ins Licht rückten.
  Dieses Kapitel, welches eine mehrdimensionale Analyse einer interkulturellen Begegnung beinhaltet, wird durch „individuelle Geschichten des Sich-Bildens“ der Teilnehmer ergänzt. Sie sollen exemplarisch den jeweiligen geistigen und materiellen Kontext zeigen, in dem ein solches interkulturelles Projekt seinen Ort im Leben der Einzelnen hat. Erst aus diesem Kontext läßt sich der Sinn des Projektes (wie jedes anderen Begegnungsprogramms) für die Einzelnen erschließen.
- Im dritten Kapitel versuchen wir noch praktischer zu werden. Es wurden während der Gruppentreffen eine Fülle von praktischen Methoden erarbeitet, die zur Arbeit mit Gruppen, zur Animation, ebenso wie zur Stimulierung von Selbstreflexion benutzt wurden. Sie wurden zum Teil aus einem anderen Kontext mitgebracht, zum Teil neu entwickelt, sowohl von Mitgliedern des Forschungsteams als auch von Teilnehmern. Unter Methoden/Dispositiven – das französische Wort „dispositif“ ist nur unzureichend übersetzbar – sind sehr unterschiedliche Strukturierungen des gemeinsamen Tuns zu verstehen: Gruppenübungen und gemeinsam zu realisierende Arbeits- und Lernprojekte ebenso wie ad hoc eingebrachte Interventionen oder Themenvorschläge, wie Analysen des Gruppenprozesses. Die Spannweite reicht von ausgearbeiteten Bildungstechnologien (z.B. das psychodramatische Sprachenlernen) bis zu gleichsam eingestreuten Einzelimpulsen (z.B. Wandzeitungen, Graffiti u.ä., die einen Gruppenprozeß begleiten). Wir glauben, daß die Sammlung solcher Methoden nützliche Anregungen für andere Lerngruppen geben kann, obwohl wir nicht glauben, daß Gruppenmethoden gleichsam „schockgefroren“ konserviert und rezeptartig in beliebigen Kontexten angewandt werden können. Unsere „Methodensammlung“ soll eher als Anregung und nicht als gruppenpädagogischer Gemischtwarenladen verstanden werden.

Kapitel I
Die unterschiedlichen Zugänge eines deutsch-französischen Forscherteams

I. Die persönliche Perspektive und ihr Kontext

Burkhard Müller

Ich versuche im folgenden zu erläutern, was mich an diesem Thema „sich bilden“ und seiner Bearbeitung gerade in diesem Kontext internationaler Begegnung interessiert hat. Dies Interesse bezieht sich auf unterschiedliche Kontexte, in denen das Thema für mich bedeutsam ist.

Der geschichtliche Kontext

Als Pädagoge, Hochschullehrer und lesender Zeitgenosse komme ich an der Tatsache nicht vorbei, daß die Frage nach dem Sinn von Bildung so grundsätzlich in Frage steht, wie das vielleicht seit der Entstehung des neuzeitlichen Bildungs- und Ausbildungssystems, seit der Wende vom 18. zum 19. Jhdt., nicht der Fall war. Im klassischen deutschen „Bildungsroman“, Goethes ‚Wilhelm Meister‘, wird das „Sich-Bilden“ noch als Privileg des Adels dargestellt. „Ich weiß nicht, wie es in fremden Ländern ist, aber in Deutschland ist nur dem Edelmann eine gewisse allgemeine, wenn ich sagen darf personelle, Ausbildung möglich. Ein Bürger kann sich Verdienst erwerben und zur höchsten Not seinen Geist ausbilden; seine Persönlichkeit geht aber verloren, er mag sich stellen wie er will.“

„Er darf nicht fragen: was bist du? sondern nur: was hast du? Welche Einsicht, welche Kenntnis, welche Fähigkeit, wieviel Vermögen? Wenn der Edelmann durch die Darstellung seiner Person alles gibt, so gibt der Bürger durch seine Persönlichkeit nichts und soll nichts geben.“ (Goethe dtv-Ausgabe 16: 13)

Freilich ist die Überwindung dieser „Grenzlinie“ zwischen Allgemeinbildung des Adligen und Ausbildung des Bürgers Goethes Thema. Er läßt seinen Wilhelm Meister sagen: „Ich habe nun einmal gerade zu jener harmonischen Ausbildung meiner Natur, die mir meine Geburt versagt, eine unwiderstehliche Neigung“ (ebd.: 14). Diese Neigung zwingt ihn, in einem mühseligen und über viele Romanseiten sich hinziehenden Suchprozeß auszuloten, „wie ich mich selbst und das, was mir ein unerläßliches Bedürfnis ist, rette und erreiche“ (ebd.).

Damals war es die „Neigung“ eines privilegierten Bürgers, der es sich leisten konnte, die Schranken zwischen adeligem „Sich-Bilden“ und bürgerlicher Ausbildung für „ein Gewerbe“ zu überwinden; nur er konnte sich die Umwege, z.B. über die Schauspielerei, die Zeit zielloser Suche, die Sackgassen, leisten. Am Ende findet er doch zurück in gut bürgerliche Verhältnisse.

Nach dem Modell Wilhelm Meisters funktionierte seit damals und bis vor kurzem das Bildungssystem: Wer die „Neigung“ und die materielle Freiheit dazu hatte, trachtete danach, „sich zu bilden“, seinen Neigungen nachzugehen. Er konnte sicher sein, anschließend wieder in einem „Gewerbe“ zu landen, wie die übrigen, die sich solche Umwege nicht leisten konnten oder wollten, schon vor ihm; zumeist sogar in einem besser dotierten.

Heute ist das radikal anders. Dasselbe, was bisher für die einen Privileg, für die anderen Anspruch und (meist unerfülltes) Versprechen war, wird heute zum unfreiwilligen Schicksal. „Neigung“ zu erwarten, sich selbst und den je eigenen Platz in der Welt suchen und finden zu müssen, klingt eher absurd. Aber man kommt immer weniger um diese Mühsal der Identitätssuche herum. Nicht nur die Berufswege sind heute verschlungen, enthalten Blöcke und Abstürze. Auch die Autoritäten sind nicht mehr das, was sie einmal waren. Die Freiheit zur Selbstbestimmung des Weges, die führerlose Gruppe, die gemeinsam ihren Weg finden muß, sind nicht mehr erkämpfte Freiheiten, sondern eher mühselige Alltagsrealität. Im Zeitalter der Postmoderne ist natürlich auch das Projekt des „demokratischen Fortschritts“, der „Chancengleichheit“, der „Selbstverwaltung und Selbstbestimmung“, der Aufklärung als „Ausgang aus der selbstverschuldeten Unmündigkeit“ (Kant) nicht mehr das, was es einmal war. Es gibt, so scheint es, keine selbstverschuldete Unmündigkeit mehr, aber Mündigkeit und Selbstbestimmung auch nicht. Die Freiheit, „sich zu bilden“ als lästiges Schicksal auch für die, die darin überhaupt kein Ideal sehen?

Der bildungspolitische Kontext

Ganz so ist es natürlich nicht. Die Bildungswelt ist eher zweigeteilt. Die Ausbildungsgänge sind gespalten. Auf der einen Seite nach wie vor das Versprechen, bei entsprechender Leistung, entsprechender Spezialistenentwicklung, entsprechender Unterordnung, Stufe um Stufe und ohne Absturz die Treppe nach oben zu finden. Viele Jugendliche, viele Studenten orientieren sich nach wie vor an diesem Muster und haben Erfolg. Aber immer mehr tun es nicht oder versuchen es und haben keinen Erfolg. Ich selbst bin in einem Bereich angesiedelt, als Hochschullehrer für SozialpädagogInnen, wo letzteres für viele zum Problem wird. Der Versuch, eine bedarfsgerechte Ausbildung zu vermitteln, wird erschwert durch die völlige Ungewißheit darüber, für welche Einsicht, welche Kenntnis, welche Fähigkeit überhaupt Bedarf besteht. Und die Ermutigung zur Selbstbildung, zur Autonomie, zur Suche nach eigenen Möglichkeiten, zur Erprobung eigener Kräfte wird erschwert durch die Angst, damit keine berufliche Chance zu bekommen.

Der biographische und berufliche Kontext

Vergleiche ich meinen eigenen Bildungsweg mit dem heutiger Studierender und Jugendlicher, wie ich sie kennenlerne, so sind mir die Unterschiede deutlich. Ich habe mich sehr lange an Autoritäten orientiert, von ihnen gelernt, mich an ihnen gerieben und Mühsal gehabt, mich davon zu befreien. Heutige Jugendliche und Studenten haben eher das Schicksal von „Orientierungswaisen", da sie sehr frühzeitig selbständig sein durften und mußten: in der Wahl ihrer Neigungen, ihrer Partnerwahl, in der Wahl ihrer Lebensführung, und die gleichzeitig immer wieder hilflos zu fragen scheinen: „was soll ich denn nur wollen, was lohnt sich?" Ich fühle diese Frage zugleich als mein eigenes Problem, denn es steckt darin zugleich die Aufforderung, Wege in die Zukunft zu weisen, begeisterungsfähige Ziele zu setzen, Guru zu sein. Aber ich bin selber zu froh, die Gurus los zu sein, als daß ich das könnte. Ich suche eher nach Möglichkeiten, Impulse zu geben, Situationen der gemeinsamen Suche und des Austauschs zu arrangieren, Formen zu finden, die das Chaos der Bildungsangebote und denkbaren Ziele zwar nicht verbindlich ordnen aber erträglich machen.

Der methodologische Kontext

Ich habe im Zuge meiner eigenen Bildungsgeschichte erfahren, daß „sich bilden" nicht nur ein intellektueller Vorgang ist, und daß immer mehr Wissen ins Hirn zu stopfen, ohne daß sich sonst etwas ändert, nicht viel hilft. Sich bilden ist auch eine Frage des Verhältnisses zum eigenen Körper, zu den eigenen Gefühlen. Das Durchbrechen des sterilen akademischen Milieus, das nur Stoff aber keine Sinnfrage mehr vermittelt, ist auch eine Frage der Lern- und Kommunikationsformen, der Vermittlung von persönlichen Erfahrungen und Einstimmungen mit wissenschaftlichen Theorien und Inhalten. Für all diese Vermittlungsprozesse gibt es inzwischen eine nicht zu überschauende Fülle von Gruppenangeboten, von gruppendidaktischen Techniken, über Sensibilisierungsmethoden aller Art, die ganze Palette der in den pädagogischen Bereich transponierten Therapieformen einschließlich vielfältiger Techniken der Körperarbeit bis hin zu spirituellen Konzepten und Praktiken. Diese ganze Fülle geht am Hochschulalltag und dem Alltag aller „normalen"

Bildungsinstitutionen so gut wie völlig vorbei. Es ist eine andere Welt, vielleicht eine Welt der Fluchtbewegungen, aber ohne Zweifel eine Welt, die für viele heute bei der Orientierungssuche eine gewaltige Bedeutung hat. In die Ausbildungen sind diese Methoden der Selbstfindung und Selbstbildung kaum eingeflossen. Mein Interesse, hier Verknüpfungen zu finden, ist groß. Spannend vor allem, unterschiedliche Konzepte, wie Gestaltpädagogik, meine eigenen, eher an Psychoanalyse und Lewinscher Gruppendynamik orientierten Ansätze und andere Konzepte mit einem wissenschaftlichen Diskurs über Konzepte der Selbstbildung zu verknüpfen.

Der Kontext internationaler Begegnungsprogramme

Internationale Programme der Jugendbegegnung und -bildung scheinen mir für die ganze Thematik ein besonders interessantes Feld zu sein, weil sich hier alles wie in einem Brennglas bündelt: es geht von vornherein nicht um berufliche Qualifikation, sondern um Herausforderung durch andere Kontexte, „Sprachen" und Lebensentwürfe. Es gibt dafür keine fertige Rahmenkonzepte, sondern zumeist sehr heterogene Konzepte und Vorstellungen der beiden – oder mehrerer – „Partner". Es gibt sprachliche und kulturelle Barrieren, die zu überwinden sind, und das Ganze muß in Form von kurzzeitpädagogischen Einheiten bewältigt werden. Wenn diese Programme unter diesen Bedingungen etwas dazu beitragen sollen, daß es heute jungen Leuten im europäischen Kontext hilft, sich zu bilden, ihren Weg zu finden, so müssen diese Veranstaltungen Formen bzw. Gefäße werden, in denen jeweilige Suchprozesse vorangetrieben werden können. Entscheidend also ist, ob es möglich ist, das, was alltäglich umtreibt, in solchen Veranstaltungen weiter zu treiben, von außen anzusehen, neu und spielerisch damit umzugehen. Andernfalls werden aus diesen Veranstaltungen nur zufällige und damit sinnlose Bildungsgüter oder fachlich eingeengte berufliche Weiterspezialisierung, oder nur subventionierter Tourismus. Die Möglichkeit, den eigenen Bildungsalltag im Spiegel dieser quasi exotischen Reise in ein binationales oder multinationales „Land" wieder zu finden und auf fremdem Territorium neu betrachten zu lernen, ist ein besonders wichtiger Aspekt für mich.

II. Die existentielle Selbst-Bildung

René Barbier

Einleitung

Was habe ich nach Ablauf dieses dreijährigen forschungsorientierten Fortbildungszyklus anderen Teammitgliedern und Leitern internationaler Gruppen zu sagen? Wie kann ich dabei einfach bleiben angesichts solcher Komplexität? Was kann als wichtig herausgestellt werden, ohne in eine Beschreibung von Wunderheilmitteln für Teamer ohne eigene Erfahrungen zu verfallen? Es scheint mir notwendig, beim Schreiben erst einmal von mir selbst auszugehen, von dem, was ich im Laufe dieser Forschung für mich zurückbehalten konnte. Das Wort, das mir dabei in den Sinn kommt, ist das der „Existentiellen Selbst-Bildung“: eine Bildung, die man sich selbst verschafft in der Perspektive, seine Situation in der Welt der anderen und in seiner eigenen zu verstehen.

Mein Bericht, der hier nur in seinem einleitenden Teil aufgenommen wurde, ist einer allgemeinen Reflexion über die Frage gewidmet, was „sich-bilden von einem existentiellen Standpunkt“ aus bedeutet. Drei signifikante Teilaspekte werden analysiert: Sich-bilden heißt, an seiner Vergangenheit und an seiner Zukunft „sterben“ zu lernen; sich-bilden heißt lernen, „geboren“ zu werden; sich-bilden heißt lernen, zu leben in dem gegenwärtigen Moment, der die ganze Komplexität der Existenz enthält. Diese Reflexion stellt die Leitlinie dessen dar, was ich als „existentielle Selbst-Bildung“ bezeichne.

Ich stütze mich, ohne eventuelle andere Beiträge zu vergessen, im wesentlichen auf mein „Forschungstagebuch“, das ich kontinuierlich vom Anfang bis zum Ende der Forschung geführt und an alle Teilnehmer verteilt habe.

Es handelt sich um eine besondere Forschungsmethodologie, die mit einer epistemologischen Reflexion in den Geisteswissenschaften verknüpft ist, die ich hier aber nicht vertiefen kann. Ein Tagebuch führen bedeutet, daß sich der Forscher in den Forschungsgegenstand impliziert. Ich habe in mehreren Artikeln Gelegenheit gehabt, meine Gedanken hierzu zu präzisieren. Ich will hier nur soviel sagen, daß ein Forschungstagebuch, so wie ich es verstehe, eine Quelle von größter Bedeutung für eine existentielle Aktionsforschung darstellt, die gleichzeitig bildenden Charakter haben soll.

Sich-bilden in einer existentiellen Perspektive?

Die Bildung, die ich hier analysieren möchte, ist die Selbst-Bildung („autoformation"). Sie muß zunächst von einer anderen Perspektive unterschieden werden, die ich als Fremd-Erziehung („hétéro-formation") bezeichne. Hierunter ist hauptsächlich eine Bildung in spezialisierten Institutionen (Schulen, Universitäten Lehrlings-Ausbildungsstätten, etc.) zu verstehen, bei der es darum geht, ein bereits vorhandenes theoretisches und praktisches Register einzutrichtern, welches nur noch reproduziert und angeeignet werden muß. Im allgemeinen erhalten wir unsere Bildung durch die Vermittlung dieser Fremd-Erziehung. Sie ist im wesentlichen eine „Tages-Bildung" („formation diurne", s. G. Pineau), die relativ kodiert, etabliert und legitimiert ist, sie ergibt sich auch aus der Aufteilung in Klassen, ja sogar der Spaltung zwischen den sozialen Klassen im Zusammenhang mit dem kulturellen und sozialen Erbe, das man in der Kindheit empfängt. Die Selbst-Bildung ist sehr viel mehr mit der eigenen Entwicklung verbunden. Sicher steht sie ebenfalls in Beziehung zur „alltäglichen" Fremd-Erziehung, in der sie zum Ausdruck kommt, ohne sich jemals ganz auf sie zu beschränken. Die Selbst-Bildung gehört sehr viel mehr zur „Nacht-Bildung", zur „außerinstitutionellen Grauzone des Lernens" („formation nocturne"), um bei der Unterscheidung von G. Pineau zu bleiben. In einer „Grauzone des Lernens" befinden wir uns oft, ohne uns dessen bewußt zu werden und an Orten und zu Zeiten, denen kein spezifisch bildender Wert zugeschrieben wird. Es ist eine „untergründige Bildung" („formation interstitielle"), die am Rande unserer legitimierten erzieherischen Beschäftigungen auftritt. So nimmt der Student, der im Anschluß an die Universität in einem Café mit Freunden über alles und nichts diskutiert, an diesem Typ des „Lernens in der Grauzone" teil. Dieses wird ebenso von dem Gymnasialschüler oder dem Lehrling erprobt, der mit seiner Umgebung in Konflikt gerät und emotionale Erschütterungen erfährt, aber auch persönliche Bereicherungen auf dem Gebiet der Selbständigkeit erfährt. Im Licht dieser Beispiele wird deutlich, daß diese Bildung in quantitativer wie qualitativer Hinsicht bei weitem die bedeutendere für unsere existentielle Entwicklung ist. Aber unter den Elementen dieser Bildung bezeichne ich nur diejenigen als zur „existentiellen Selbst-Bildung" gehörend, die sich ausdrücklicher auf die großen Fragen beziehen, die der Mensch sich über den Sinn des Lebens stellt. Diese Fragen sind seit Beginn der Geistesgeschichte Gegenstand von vielen Debatten gewesen, aber sie bleiben immer noch offen und in ihrem Ausdruck auf Symbole und Mythen begrenzt. Was heißt geboren werden? leben? lieben? spielen? arbeiten? leiden? altwerden? sterben? Was heißt an etwas Absolutes glauben (an Gott, an die Geschichte, etc.)? kommunizieren? Was ist das „Ich" und das „Du" (um die Begriffe von Martin Buber aufzugreifen)? Was ist „die Gesellschaft"? Ich stelle die These auf, daß man uns nicht „bildet", um auf diese Fragen zu antworten, sondern daß wir uns selbst an dem Schweigen und den zweifelnden Antworten bilden. Auf diesem Gebiet führt eine Fremd-Erziehung, die institutionell zu sehr verankert ist, fast immer zu einer normativen persönlichen Haltung und andererseits, als Reaktion darauf, zu Widersprüchen. Die Suche nach dem Sinn des Lebens kann nicht aus einer unhinterfragten, direktiven Erziehung hervorgehen.

Ich gebrauche nicht den Begriff der „Auto-Didaktik", das Objekt so zahlreicher Forschungsarbeiten. Ich ziehe den Begriff der Selbst-Bildung vor. In dem Begriff der Auto-Didaktik scheint mir zu stark die Idee von einem erzieherischen Projekt anzuklingen, von einem Programm, das man sich gegeben hat, von dem Raum, der Zeit oder den Mitteln, die geeignet erscheinen. Selbst die Definition von Nicole A. Trembley scheint mir von dieser funktionalen Ausrichtung geprägt.

Danach ist ein autodidaktisches Projekt „eine Reihe von Episoden, die untereinander verbunden sind, während deren die wichtigste Motivation des Individuums darin besteht, Kenntnisse oder Fertigkeiten zu erwerben oder Gewohnheiten zu ändern. Dies setzt eine bewußte und gleichbleibende Anstrengung voraus, um die von ihm selbst bestimmten Bedürfnisse zu befriedigen und das von ihm verfolgte Ziel zu erreichen. Dazu muß er die Verantwortung in der Wahl der Inhalte, der Mittel und der Gestaltung des Projektes allein tragen, oder doch beinahe allein. Dies erreicht er außerhalb der pädagogischen Einrichtungen oder ohne Vermittlung durch einen Pädagogen." Existentielle Selbst-Bildung ist für mich dagegen mehr zufallsbedingt, mehr „umherschweifend", weniger einem programmatischen Projekt unterworfen, offener für die Improvisation in der Aneignung von Wissen. Sie ist in gewisser Weise sehr viel stärker einem freiheitlichen Projekt der persönlichen Entwicklung verpflichtet, was aber gegebenenfalls keineswegs beharrliches Bemühen und die Stringenz eines bestimmten Programmes oder sogar den – immer vergänglichen – Gang durch eine Institution für eine spezifische Bildung ausschließt.

III. Gestalt und Bewegung – ein Konzept „integrativer Animation“

Heinrich Dauber

a) Die entwicklungspsychologische Dimension

Die entscheidende Dimension des Bildungsprozeßes von Erwachsenen besteht darin, in früheren Situationen erworbene Muster bewußt werden zu lassen, zu überprüfen und gegebenenfalls neu zu gestalten. Ein zentraler Zugang zu biographisch früher geprägten bzw. gelernten Mustern eröffnet sich über die Entschlüsselung unserer in der aktuellen Situation auftauchenden Körperempfindungen, Phantasien und Gefühle. Körperempfindungen sind – soweit sie bewußt wahrgenommen werden können – erfahrungsunmittelbarer als sprachliche Selbstinterpretationen, wenn auch nicht kulturunabhängig. (Dies zeigt etwa die Erfahrung, daß es oft relativ leicht ist, Deutsche und Franzosen am Strand in der Badehose allein aufgrund ihrer Körpersprache zu unterscheiden.) Das häufig zu beobachtende Auseinanderfallen von Körperausdruck, Gefühlen und verbaler Selbstdarstellung deutet auf die vielfältigen, kulturspezifisch verschiedenen Spaltungen hin, die den Preis der sog. Zivilisation darstellen und in jeder unserer Bildungsbiographien in dieser oder jener Form sozial und gesellschaftlich – qua Erziehung – durchgesetzt wurden. Die dabei voneinander abgetrennten, abgespaltenen Dimensionen wieder zu integrieren, ‚heil‘ zu werden, könnte als ein allgemeines Ziel humanistischer Bildung bezeichnet werden. (Damit ist nebenbei gesagt, daß ‚Bildung‘ in meinem Verständnis sich weitgehend kritisch mit der in Familie und Schule praktizierten ‚Erziehung‘ auseinanderzusetzen hat.)

Bekanntermaßen werden in verschiedenen Altersphasen verschiedene Muster gelernt. Anders herum: Verschiedene Altersphasen sind unterschiedlich offen für soziale, gesellschaftliche, kulturelle Prägungen. (Dies ist der gemeinsame Ansatz aller modernen entwicklungspsychologischen Theorien.) Ich gehe nun davon aus, daß die in einer Gruppensituation zentralen Themen (seien sie offen benannt oder noch unbewußt) ihren Ausdruck in Bewegungsmustern und Gefühlsgestalten finden, die in früheren, spezifisch sensiblen Bildungsphasen gelernt bzw. als Muster geprägt wurden. Im Zentrum der Forschung und Animation (im Sinne von Aktionsforschung) stehen also die individuellen und gruppenspezifischen Verknüpfungen zwischen früher gelernten Beziehungsmustern und Prägungen (Bewegungsmustern, Gefühlsgestalten, Phantasien und intellektuelle Selbstdeutungen) mit den aktuellen Themen „im Hier und Jetzt". In diesem Verständnis ist die von mir nach unserer Begegnung in Germerode[2] beschriebene ‚Logik' der Forschungsmethode bzw. Vorgehensweise der Animation

- Kontakt machen,
- Zugang finden,
- gestalten, durcharbeiten,
- integrieren

begründet. Es geht also nicht darum, Widerstand zu analysieren oder zu deuten, sondern mit dem darin zum Ausdruck kommenden Muster im positiven Sinn zu arbeiten. (Das geschieht m.E. nicht, wenn Einzelnen oder der Gruppe offen oder verdeckt die Botschaft vermittelt wird: „Solange Ihr nicht wißt, was Ihr tut (und dies verbal zum Ausdruck bringt), könnt Ihr nichts tun – zumindest nicht Euch bilden im Sinne des Projekts").

Auf dem Hintergrund des oben genannten Ziels des Forschungs- und Animationskonzeptes – Verbindungen zu schaffen zwischen (früher gelernten bzw. geprägten) Bildungserfahrungen und der aktuellen Bildungssituation – läßt sich ein einfaches ‚didaktisches' Modell skizzieren. Dabei geht es um eine doppelte Dialektik von *Ausdruck* (und seinem Inhalt) und *Beziehung* (und ihrer Struktur) einerseits sowie der Situation im „Hier und Jetzt" im Vergleich zum „Dort und Damals" der eigenen Bildungsgeschichte andererseits. (Ausdrucks-Inhalt und Beziehungsstruktur sind nicht identisch mit der in der Kommunikationstheorie üblichen Unterscheidung von „analog" und „digital". Ausdruck und Beziehung liegen auf verschiedenen logischen Ebenen.)

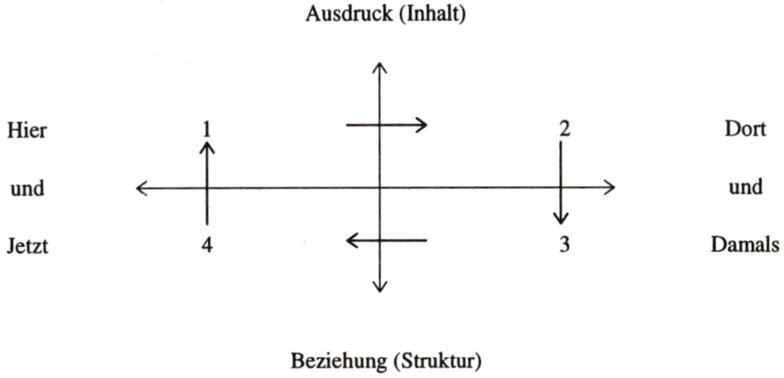

2 Erste Begegnung des Projekts.

Das didaktische Schema erlaubt, verschiedene Fragen nacheinander zu stellen:

(1) Was wird im „Hier und Jetzt" zum Ausdruck gebracht (Körpersprache, Phantasien, Gefühle, intellektuelle Deutungen und Analysen)? Was ist das dominante Thema der Situation, der vorherrschende Ausdruck?
(2) In welcher „sensiblen Bildungsphase" wurde diese spezifische Verknüpfung von Ausdruck und Inhalt gelernt bzw. geprägt? Wie kann diese Verknüpfung verdeutlicht werden (z.B. durch Übertreibung, durch häufige Wiederholung eines Bewegungsmusters, etc.)?
(3) Welche soziale und gesellschaftliche Beziehungsstruktur wurde dabei – gewissermaßen als heimlicher Lehrplan – mit gelernt bzw. geprägt? Welche (alten) Beziehungsmuster kommen damit zum Vorschein?
(4) Wie ist die Struktur der Beziehungen im „Hier und Jetzt" in der Gruppe? Gibt es „unerledigte Geschäfte" aus früheren Bildungssituationen, die zu einem unangemessenen Handeln in der Situation führen?

Schließlich:

Wie kann der vorherrschende Ausdruck im Blick auf das dominante Thema der Situation im „Hier und Jetzt" verändert, neu gestaltet werden, um realitätsangemessener handeln zu können?

b) die gruppenpädagogische Dimension (Gestaltgruppenzyklus)

Innerhalb der (amerikanischen) Gestaltgruppenarbeit wurde die *Gruppe* von den „Gründern" der Gestalttherapie entweder völlig vernachlässigt (F. Perls) oder vorwiegend als Resonanzraum für die Arbeit mit *Einzelnen* eingesetzt (L. Perls u.a.). Unter dem Einfluß von Moreno, Lewin (und der auf seinen Arbeiten beruhenden „National Training Laboratories", insbes. Bradford u.a. 1972) wurde das Awareness-Konzept der Gestalttherapie auch auf die Interpretation von Gruppenprozessen ausgedehnt.

In Anlehnung an den von Goodman beschriebenen „Kontaktzyklus" der Gestalttherapie entwickelte Zinker (1980) einen „Zyklus der Gestaltgruppe" (zitiert nach: H. Petzold unter Mitarbeit von U.-J. Schneewind, Konzepte zur Gruppe und Formen der Gruppenarbeit in der Integrativen Therapie und Gestalttherapie, in: Petzold/Frühmann (Hrsg.), Modelle der Gruppe in Psychotherapie und psychosozialer Arbeit, BD. I, Paderborn 1986, S. 119):

Gruppenbewußtsein

Gruppenwahrnehmung Gruppenenergie

Rückzug Gruppen-

Ruhe handeln

Schweigen Bewegung

Gruppenlösungen Gruppenkontakt

Die sich spiralförmig weiterentwickelnde Logik des Gestaltgruppenprozeßes lautet demnach: Gewahrsein, Bewußtheit, Energie, Handlung, Kontakt, Lösung, Rückzug/Ruhe/Schweigen --> erneutes Gewahrsein...

IV. Gruppendynamik und imaginäre Funktion

Florence Giust-Desprairies

1) Institution und Gruppe

Jede reale Organisation verdoppelt sich gleichsam in der Phantasie der an ihr Teilhabenden, so daß sie sich auf zwei „Bühnen" entfaltet:

- einmal in der Art, wie sie praktisch funktioniert,
- zum anderen in den Phantasmen, die sie produziert.

Von Institutionen getroffene Entscheidungen sind nie nur rational. Jede Institution erfüllt zugleich für Personen und Gruppen eine imaginäre Funktion.

Sie ist eine „Aufforderungs"-Struktur, eine Reihe von Vorstellungsmustern, die sich der Subjektivität denjenigen anbieten, die sich mit ihrer Tätigkeit innerhalb ihrer Struktur einordnen. Institutionen haben die Tendenz, eine Ideologie, ein „überredendes Imaginäres" (Ansart) zu erzeugen, zu reproduzieren und zu kontrollieren, das für Personen und Gruppen ein mobilisierendes Moment darstellt.

Als Struktur existiert die Institution nicht nur als etwas Äußerliches. Gewisse Merkmale werden von Personen und Gruppen verinnerlicht, die ihrerseits ihre innere Realität auf das Feld der Institution übertragen und Situationen je nach ihrer eigenen Geschichte strukturieren (Rouchy 1972). Gerade weil es eine „bewohnte" Struktur ist, wird die Institution zu einem Ort, der es Individuen und Gruppen erlaubt, Angst abzuwehren (E. Jacques 1972). Sie wird als ein Ort der Selbstverwirklichung erlebt.

In ihrem Verhältnis zur Institution repräsentiert die Gruppe die Ebene des Beziehungsgeflechtes. „Sie hat die Eigenschaft, die Institution zu verkörpern, ihr Gestalt zu geben und mit ihr zu spielen. Es gibt eine Beziehungsdynamik, die sich selbst als intellektuelle, emotionale, affektive und aktualisierte Perspektive definiert, im Handeln und mit Worten" (J. Barus Michel 1987, 1991). Vom Gesichtspunkt der imaginären Dimension her, verstehen wir das Verhältnis Institution/Gruppe als eine Beziehung zwischen einem anziehenden, normalisierten System und einer Gesamtheit von Antworten, die sich zu einem kollektiven Imaginären verbinden.

2) Das kollektive Imaginäre

In einer Forschungsgruppe wie der unseren zeichnen sich die in ihr vereinigten Partner dadurch aus, daß sie eine gemeinsame Art, sich einzubringen, und ein ihr außenstehendes Objekt miteinander teilen. Die Gruppendynamik bezieht sich also nicht auf die Gruppe selbst, sondern auf einen dritten Gegenstand. Ein Element, um das sich die Gruppe bildet, ist das gemeinsame Projekt.

Im folgenden wird diskutiert, was die sozial Handelnden gemeinsam auf dieser imaginären Bühne in bezug auf ihr Forschungsobjekt zusammentragen und miteinander teilen können, und was sich zwischen ihnen in ihrer Verbindung zu diesem Objekt abspielt.

So ist die Gruppe, wie ich sie begreife, eine Gruppe mit einer Aufgabe und zugleich mit einer – wie alle – in starkem Maße intersubjektiven Färbung. Aber in erster Linie ist sie für uns eine Gruppe, die sich in ein äußeres Forschungsobjekt investiert. Sie ist der Ort kollektiver Organisation individueller Projektionen.

Es stellt sich die Frage, wie sich der Übergang von dem, was im sozialen Gebrauch formuliert, definiert und organisiert ist („Wir machen hier eine internationale Gruppe"), zu dem vollzieht, was sich im Innern des Subjektes abspielt („Was will ich, wer bin ich hier?"). Die begrenzte Gruppe als „Ort des Übergangs" ist ein besonders geeignetes Feld, um diese beiden sinnstiftenden Quellen sowie die Auswirkungen ihrer Verschachtelung zu untersuchen.

Im Imaginären einer instituierten, begrenzten Gruppe, das ich als das „kollektive Imaginäre" bezeichne, verbinden sich die affektiven Bedürfnisse der Individuen mit den funktionalen Bedürfnissen der Organisation. Es resultiert aus einem gemeinschaftlichen Gefüge, welches ausgehend von der Mobilisierung unterschiedlicher Antriebskräfte das „persönliche" sich Einbringen sozialer Objekte lenkt. Es ist gleichzeitig Wiederholung, Erhaltung und Verringerung von Konflikten und Widersprüchen sowie Öffnung für das Unerwartete. Es ist auch der Versuch, durch den kollektiven Aufbau eines zu realisierenden Projektes, einer zu schaffenden Welt das Realitätsprinzip auf das Lustprinzip zu reduzieren. (Motto: „Wir bringen hier etwas zustande, wenn nur jede(r) seiner spontanen Neigung folgt".)

Im Mittelpunkt steht die Pluralität der kollektiven imaginären Bedeutungen, die sich in den „affektiven Strömen" herausbilden und entwickeln, welche die Interaktionen in der Gruppe durchziehen. Bei der Benennung eines kollektiven Imaginären lege ich aber den Schwerpunkt auf die Einheit aller imaginären Elemente, die sich in einer gegebenen Gruppe zu einer für diese Gruppe bedeutsamen Einheit zusammenfügen. Diese zentrale imaginäre Bedeutung, erschöpft sich aber nicht in den Phantasien des Kollektivs, noch weniger in denen der Individuen. Vielmehr ist sie Organisationsprinzip, eine verbindende Kraft, die für die Gestaltung der Zusammenarbeit in der Gruppe ausschlaggebend ist.

Mit dem kollektiven Imaginären bezeichne ich also das Ergebnis der Interaktionen zwischen der Gruppe und ihren Mitgliedern.

Mit der Verwendung des Begriffes des kollektiven Imaginären meine ich also keineswegs ein „Gruppensubjekt" („sujet groupal"). Das Subjekt scheint mir das Individuum in seiner Komplexität bleiben zu müssen, und ich beschränke psychologische Begriffe auf individuelle Erscheinungen. So ist das kollektive Imaginäre auch nicht ein mentaler Bestandteil der Gruppe (ein „psychischer Gruppen-Apparat" – Kaes), sondern eine sich selbst verwirklichende Praxis, die mannigfaltige Prozesse in Gang setzt.

Das kollektive Imaginäre ist eine instabile Komposition, die den Bewegungen individueller und sozialer Repräsentationen unterworfen ist.

In dieser Forschung habe ich mich also damit beschäftigt, wie imaginäre Inhalte entstehen, mit dem Ziel, ein besseres Verständnis dafür zu erlangen, wie diese Inhalte die Vorstellungen der einzelnen Forschungsgruppen-Mitglieder gestalten, auch mit dem Ziel, ihrem Verhalten in bestimmten Situationen einen Sinn geben zu können.

Es sei hinzugefügt, daß das Imaginäre sich gleichermaßen als verführerische und befruchtende Instanz darstellt.

Verführerisch, weil das Imaginäre der Versuch ist, das Realitätsprinzip auf das Lustprinzip zu reduzieren.

Befruchtend, weil ohne diesen Versuch der Reduktion kein zu realisierendes Projekt, kein zu entwerfender Traum bestünde. Diese beiden Aspekte des Imaginären gehen eine dialektische Beziehung ein. Das ist der Grund, weshalb das Imaginäre, nach einem Wort von Eugène Enriquez, „das Unmögliche möglich glaubt", weshalb Innovation und Kreation existieren können.

Es geht auch um die Prozesse, die in der Beziehung zwischen der Dynamik in der Teamer-Gruppe und der Dynamik im Plenum am Werke sind. Diese Beziehung ist für mich von ihrer Natur her ein Spannungsverhältnis zwischen den Anforderungen des Teams, welches eine imaginäre Aufforderungsstruktur (prägnant, da sie vor allem eine effektive Machtstruktur ist) darstellt, die zu gewissen Repräsentationstypen und Antworten der Teilnehmer auffordert. Auch wenn es offensichtlich ist, daß die individuellen Antworten nicht auf das gemeinsam herausgebildete Gefüge reduzierbar sind, so bleibt doch festzuhalten, daß ein solches Gefüge produziert wird, und zwar vor allem in den Konflikten und Reibungen, in denen die Herstellung einer sozialen Bindung auf dem Spiel steht, die den Zugang zu genügend gemeinschaftlichen Situationen ermöglicht.

Kapitel II
Sich bilden in bikulturellen Gruppen – unterschiedliche Analysen eines Gruppenprozesses

Die im vorigen Kapitel dargestellten Unterschiede der Konzepte verdeutlichen schon: Entsprechend unseren methodischen Vorüberlegungen und Hypothesen konnte unser Projekt nichts anderes tun, als dieses Risiko, daß offen ist, was wir miteinander erfahren und tun können, selbst einzugehen. Es gibt, wie schon gesagt, hier keinen neutralen Beobachterstandort für die Forscher. Sie können sich nur an den Prozessen des Sich-Bildens im interkulturellen Kontext selbst beteiligen und ihre Erfahrungen so dokumentieren, daß sie mit den Erfahrungen anderer Begegnungsprogramme vergleichbar werden. Aber: Wie können wir anfangen, etwas miteinander zu tun, ehe klar ist, was wir miteinander tun wollen?

Das erste Treffen der Gruppe fand, nach einigen Vorklärungen des Teams, in Vaucresson bei Paris statt. Es war eine Art Vorprogramm von drei Tagen und diente der Frage, zu klären, was wir überhaupt miteinander machen und wie wir vorgehen wollten. Es gab kein gemeinsames Programm des Teams. Es entstand keine Einigkeit über ein Programm unter den Teilnehmern. Man diskutierte und machte Kleingruppen, die Spaß machten. Sie waren irgendwie gleichsam auf Zuruf zustande gekommen. Die gemeinsame Planung kam nicht voran. Einer der Mitglieder des Forschungsteams, der darauf insistierte, daß man nicht anfangen könne zu forschen, ehe festgelegt sei, worüber und mit welchen Methoden, meinte, man „stampfe im Sauerkraut“ – „Pédaler dans la choucroute“ – (er ist anschließend weggeblieben). Manche Teilnehmer waren verwirrt. Auf dem Höhepunkt der Konfusion versuchten wir, die Situation in einem „Paradox“ zu formulieren:

1. Die Gruppe kann nicht vorankommen, ehe sie ihren gemeinsamen Gegenstand definiert.
2. Der gemeinsame Gegenstand kann nicht geklärt werden, ehe die Gruppe vorankommt.

Es war, wie später noch öfter: man saß im Plenum, mehr oder weniger ungeduldig; das Gefühl einer Blockade breitete sich aus, weil vor lauter Vorschlägen, was und wie man miteinander tun wollte, nicht in Gang zu kommen schien, sich gemeinsam auf etwas einzulassen.

Eine solche Gruppensituation, die hier verkürzt und etwas karikierend dargestellt ist, mag dem Außenstehenden absurd erscheinen. Demjenigen, der Erfahrung in der Praxis experimenteller, internationaler Begegnungsprogramme hat, mag sie aus leidvoller Erfahrung bekannt sein. Für einige von uns, als wir nach drei Tagen nach Hause fuhren, waren diese drei Tage weder absurd noch frustierend gewesen, sondern sehr spannende Erlebnisse zum Thema: „Was heißt sich bilden?" Wie entstand der Eindruck, einem zwar anstrengenden, aber durchaus erfolgreichen Such-Prozeß beizuwohnen, obwohl am Schluß die erhofften Vereinbarungen über die Methoden des Weiterforschens nicht getroffen waren (und bis zum Schluß nur von Untergruppen punktuell getroffen wurden) und im übrigen nur klar war, daß fast alle weitermachen wollten? Bei der Rückfahrt wurde uns klar, daß unser Gefühl „es war spannend" darauf beruhte, daß wir das Geschehen gleichzeitig auf zwei Ebenen betrachtet hatten: einmal als einen Versuch, in einer internationalen Gruppe mit einem schwierigen Thema voranzukommen. Zum anderen betrachteten wir die Erfahrung als Modellfall eines Gruppenlernprozesses überhaupt. Blockaden und Schwierigkeiten waren zugleich Erfahrungen, in denen wir ähnliche Arbeitssituationen zu Hause wiedererkannten. Wir waren gleichzeitig Praktiker eines Gruppenprozesses und Theoretiker des Sich-Bildens, die den Geburtsvorgang eines Projektes beobachten konnten. Für die Mitglieder des Teams, aber auch für die übrigen Teilnehmer, ergab sich diese Doppelperspektive aus der Anlage des Projektes: gleichzeitig ein pädagogisches Experiment zu versuchen und zu forschen, d.h. verallgemeinerbare Einsichten daraus zu ziehen. Im Folgenden werden einige dieser Einsichten formuliert. Es geht dabei um eine Grundfrage sowohl von Selbstbildung, als auch von interkulturellem Lernen: Wie ist es möglich, etwas zu lernen, wenn niemand da ist, der es lehren kann?

I. Leitung und Selbststeuerung

Burkhard Müller

1) Sich orientieren – etwas miteinander tun

Versteht man sich bilden ganz allgemein als Interaktionsprozeß (z.B. einer Lerngruppe, die ein Thema erarbeitet, einer Bildungsreise, oder eines Forschungsprojekts, das sich mit der Frage „was heißt sich bilden?" auseinandersetzt), so kann man diese Interaktionen in zwei grundlegende Funktionen unterteilen: Sich bilden heißt einmal: *etwas* tun (gemeinsam oder auch arbeitsteilig), es heißt 2.: sich darüber orientieren, was gemeinsam oder auch arbeitsteilig zu tun sei. Man könnte diese zwei Funktionen auch den *Aktions*- und den *Reflexions*-Aspekt menschlichen *Handelns* nennen, insofern menschliches Handeln gar nicht möglich ist, ohne daß der Mensch gewissermaßen „Praktiker" und „Theoretiker" seines Handelns zugleich ist, nämlich sowohl der ist, der es tut, als auch der ist, der seinem Handeln Sinn zuschreibt und es damit intentional steuert.

Solche allgemeinen Überlegungen sind gerade deshalb wichtig, weil diese „theoretische Funktion" des Handelns im normalen Alltag quasi selbstverständlich, unreflektiert und nebenbei wahrgenommen wird. Dies ist so, weil wir durch die vielfältigen Selbstverständlichkeiten der Kultur und durch die Sprache, in der wir leben, entlastet sind, so daß wir uns im allgemeinen sehr schnell mit anderen über das verständigen können, was (welcher Stoff) jeweils „dran ist" (z.B. in der Schule). Klar ist, daß solche Vorgaben umso weniger selbstverständlich sind, je mehr Menschen selbst darüber entscheiden müssen, was sie miteinander tun wollen und je weniger ihnen eine gemeinsame Sprache, ein gemeinsamer Wissenshintergrund, eine gemeinsame Kultur usw. dabei selbstverständliche Vorgaben gibt. Eben deshalb gilt im normalen Umgang die Suche nach Orientierung und Sinn von dem, was man tut, als eher lästig und unfruchtbar: man hat das Gefühl, nicht von der Stelle zu kommen, solange man noch diskutieren muß, worum es überhaupt geht. Diese Ungeduld ist oft berechtigt, denn man kann nicht immer alle kulturellen Selbstverständlichkeiten in Frage stellen, ohne verrückt zu werden, oder es bleibt zumindest sehr ineffektiv.

Aus diesem Grund ist es sehr verständlich, daß auch im interkulturellen Kontext viel von dieser Ungeduld zu spüren ist. Man möchte verständlicherweise lieber *irgend etwas* miteinander tun, was Spaß macht und sich nicht mit dem mühevollen Problem herumschlagen, daß einem hier die kulturellen Selbstverständlichkeiten und Vordefinitionen viel weniger zur Hilfe kommen, eben weil sie für die Beteiligten unterschiedlich sind. Effektiv zu sein, heißt aber hier etwas anderes als im kulturell-homogenen Kontext. Denn es hilft nicht sehr viel für interkulturelles Lernen, wenn internationale Gruppen einfach so tun, als gäbe es die ganzen Verständigungsschwierigkeiten und Differenzen gar nicht, indem sie einfach irgend etwas miteinander machen, was Spaß macht, oder indem sie sich auf fachspezifische Inhalte bzw. Praktiken konzentrieren.

Genauer gesagt: ein Stückchen weit hilft es schon weiter, zumindest, um die Frustrationen zu überwinden, die mit interkulturellem Lernen immer auch verbunden sind. Die Erfahrung binationaler oder multinationaler Gruppen, die sich anscheinend sofort und auf Anhieb verstanden haben, heißt gewöhnlich im Klartext: die Gruppen haben auf Anhieb etwas gefunden, was soviel Spaß miteinander machte, daß die Tatsache, sich nicht zu verstehen, überhaupt keine Rolle mehr spielte; wenn sie nicht von vorneherein die Ziele und Erwartungen der Organisatoren akzeptiert haben. Jede interkulturelle Gruppe braucht solche Erfahrungen. Aber sie können kein Dauerzustand sein. Zum Beispiel sind gemeinsame Mahlzeiten oder andere lustbetonte Aktivitäten sicher ein sehr wichtiger Kitt für internationale Gruppen, aber man kann ja nicht immer nur essen. Der Idealfall wäre, wenn eine Gruppe sich auf einen wechselnden Rhythmus einstimmt: einerseits sich experimentierend auf gemeinsame Aktivitäten einzulassen, ohne alles auszudiskutieren, aber andererseits auch den Schwierigkeiten des Sich-Orientierens nicht auszuweichen, sie nicht nur als unfruchtbare Störung zu verstehen, sondern als den Moment, wo die kulturellen Selbstverständlichkeiten eines jeden ihren Dienst versagen und wo interkulturelles Lernen beginnt.

Es kann nun vorkommen, daß dieses Verhälnis von „sich orientieren über gemeinsames Tun“ und „etwas gemeinsam miteinander tun“ weder in der Form dieses sinnvollen Wechsels von der einen zur anderen Funktion erscheint, noch als geglückte Mischung zwischen beiden, sondern als wildes Oszillieren zwischen beiden Funktionen, als verwirrender Wechsel, als Blockierung. Man sagt in diesem Fall zu Recht, die Gruppe „tritt auf der Stelle“ oder, wie der erwähnte Forscher – er war Elsässer – sagte, sie „trampelt im Sauerkraut“. Dieses Bild gibt insofern genau das Problem wieder, als mit diesem Auf-der-Stelle-Treten in der Tat der Zustand gemeint ist, in dem eine Gruppe, ein Interaktionszusammenhang, abwechselnd gleichsam auf den „Handelns-Fuß“ und den „Orientierungs-Fuß“ tritt, also die eine oder die andere Funktion wahrzunehmen versucht, ohne dabei ins *Gehen* zu kommen, weil sich beide Füße gewissermaßen gegenseitig auf den Zehen herumtreten. In diesem Fall erscheint das „Etwas-tun“ und das „Sich-orientieren“, über das, was zu tun ist, in der Tat als Paradox, als etwas, was nicht *zur gleichen*

Zeit sein kann. Insofern gilt dann auch der Satz, daß ich nicht gleichzeitig handeln und darüber nachdenken kann, ob auch richtig ist, wie ich handele. Man denke an den Tausendfüßler, der anfing seine Beine zu zählen und nicht mehr gehen konnte. Diese Erfahrung hat die Zen-Philosophie in die paradoxe Einsicht gefaßt, daß man ein Ziel vergessen müsse, um es treffen zu können. Gemeint ist damit, das „treffen" gleichsam geschehen zu lassen und nicht zu versuchen, es krampfhaft zu erzwingen (vgl. unten Kap. 2, III.1).

Solche Erfahrungen sind für unser Projekt in doppelter Weise relevant: zum einen werden sie ja im Alltagskontext der TeilnehmerInnen vor allem dort gemacht, wo – freiwillig oder unfreiwillig – Prozesse selbstbestimmten Lernens stattfinden; d.h. wo junge Leute sich fragen wollen oder fragen müssen: was will und was kann ich mit meinen Bildungserfahrungen anfangen, wo lohnt es sich, Arbeit zu investieren, wo finde ich Gleichgesinnte und Schicksalsgenossen, die etwas Ähnliches wie ich wollen usw.? Die ganze Mühsal aller Versuche mit selbstbestimmtem Lernen in Schule und Universität kann man sich ins Gedächtnis rufen, um Beispiele dafür zu finden. Solche Erfahrungen – das ist der zweite Gesichtspunkt – prägen natürlich auch die Haltung von Teilnehmern an internationalen Begegnungen soweit diese nicht touristisch und/oder fachbezogen (im Kontext von Schule, Beruf, Sport usw.) „durchgezogen" werden. Nur ist hier die Situation insofern zugespitzt, als durch das Fehlen einer gemeinsamen Sprache und Kultur die Lösung von Orientierungsfragen erschwert wird; und weil hier die Lösung von Problemen des Zusammenlebens und Zusammenarbeitens, die nicht nur mit dem selbstverständlichen kulturellen Repertoire der Beteiligten lösbar sind, in gewisser Weise die eigentliche Aufgabe „interkulturellen Lernens" ist.

2) Die Funktion des hierarchischen Bildungsmodells

Weil selbstbestimmtes Lernen – zumal im interkulturellen Kontext – so mühselig sein kann, legt sich ein Kurzschluß ziemlich nahe: man kann auf die Alltagsweisheit hinweisen, daß es auch hier ohne Programmvorgaben, ohne Anleitung und Führung eben nicht geht. Wie im Alltag der normalen Bildungsinstitutionen die Offenheit und Wahlfreiheit vieler Bildungsprozesse durchaus dazu führen kann, daß das autoritäre Bildungsmodell wieder an Boden gewinnt, so läßt sich ähnliches im interkulturellen Kontext feststellen: schwierige, chaotische, mißlingende, in Nationalitätengruppen oder andere Untergruppen auseinanderfallende internationale Begegnungen wären nach dieser Logik zu vermeiden, wenn die Programme klarer strukturiert, die Inhalte deutlicher vorgegeben wären, die Animateure bzw. die Lehrer ihre Gruppen besser im Griff hätten, der didaktische Aufbau besser wäre usw. So unbestreitbar auch daran etwas richtig ist, gehen solche Vorschläge am Kern des Problems vorbei: denn dies sind alles Verfahren, das Orientierungsproblem mit Hilfe eines einheitlichen kulturellen Musters zu lösen und so das Problem des Interkulturellen zu umgehen. Eben deshalb erzeugen alle solche Modelle der von außen gesetzten Struktur für interkulturelles Lernen in einem umfassenderen Sinne ein „Auf-der-Stelle-Treten", also eine Vermeidung, eine Ausklammerung anstelle einer Lösung der Probleme interkulturellen Lernens. Dies gilt insbesondere für alle Versuche, dies Lernen nach dem Modell der Schule bzw. fachspezifischer Ausbildungen zu gestalten.

Schule ist bekanntlich in ihrer einfachsten Form als ein Lehrer-Schüler-Verhältnis konzipiert, was im Zusammenhang unserer Überlegungen bedeutet: der *Lehrer* hat das Privileg und die Pflicht, die Orientierungsfunktion des gemeinsamen Handelns zu übernehmen, d.h. über Sinn und Zweck und vor allem den genauen Gegenstand dessen, was er gemeinsam mit den Schülern tun will, zu entscheiden. Dies bedeutet zugleich, daß es *seine* Aufgabe ist, die Klasse so gut wie möglich zu einer kulturell homogenen Gruppe zu machen: weder Unterschiede von Erfahrung, Wissen, oder Interessen sollen hindern, daß alle dasselbe möglichst gleich schnell und gleich gut lernen. Verallgemeinert gesagt funktioniert Pädagogik hier – wie meist auch in andern Kontexten- auf der Grundlage eines (z.T. unbewußten) „Abhängigkeitsvertrages" (Müller/Pagès 1979), welcher der einen (lehrenden) Seite das Definitionsmonopol dafür gibt, was und wie die andere Seite lernen soll. Wir wollen hier nicht die Diskussion führen, warum dieses Modell auch innerhalb der (nationalen) schulischen Ausbildung fragwürdig geworden ist. Wir wollen auch nicht diskutieren, warum es sich, trotz aller Kritik, so hartnäckig hält. Wir glauben allerdings, daß dies etwas damit zu tun hat, daß es so mühevoll ist, eine Alternative an seine Stelle zu setzen. Wir wollen nur diskutieren, warum dieses schulische Modell im Rahmen interkulturellen Lernens im allgemeinen nicht sinnvoll ist, selbst dann, wenn es funktionieren würde. Denn das Wesen dieses Modells ist, die Orientierung, das Herausfinden über Interessen und gemeinsame Möglichkeiten des Handelns als bloßes Disziplinproblem zu behandeln, d.h. nicht als Inhalt des Lernens, sondern als technische Rahmenbedingung dafür.

Verfährt man nach diesem Modell, so produziert man ständig Widersprüche, die sich etwa so beschreiben lassen:

- Herstellen einer Situation, in der alle *dasselbe* sehen, um zu lernen, was die andern *anders* sehen,
- Ausklammern der Erfahrungsunterschiede, um die Unterschiede *verstehen* zu können,
- *Hierarchisierung* der Kommunikation, um den *demokratischen* Umgang mit Leuten zu lernen, die anders leben und denken.

Nach diesem Modell ist es sicher möglich, einiges Wissen zu vermitteln, das über Differenzen zwischen Völkern und Kulturen informiert. Aber es ist nicht möglich, so den engen (äußerlich und innerlich) kulturell geprägten Horizont der Beteiligten durch Begegnung mit anderer Kultur auszuweiten.

Die Grenze schulischen Lernens besteht natürlich nicht nur im Blick auf interkulturelles Lernen, sondern auch in anderen Bereichen: es versagt auch vor bestimmten Aufgaben innerhalb der nationalen Erziehungssysteme: z.B. vor der Aufgabe, demokratisches Alltagsverhalten und Bürgerkultur zu entwickeln, Freiheit als Freiheit des Andersdenkenden zu begreifen usw.

Offensichtlich ist allerdings, daß mit dieser Abwendung vom Modell schulischen Lernens noch keine Alternative zur Verfügung steht. Wir reden dabei nicht von den zuweilen produzierten „gruppendynamischen" Versuchen, künstlich die Konfrontation anzuheizen und zu glauben, die Leute lernen am meisten, wenn das Chaos der unterschiedlichen Orientierungen möglichst komplett ist. Wir reden nur von den Schwierigkeiten, die zwangsläufig entstehen, wenn ein Leitungsteam, das interkulturelles Lernen unterstützten will, die Vielfalt der Vorschläge und Ideen (einschließlich derer, die nicht ins „Programm" passen), ernst nimmt. Als Beispiel ein Stück aus meinem Forschertagebuch aus dem Beginn der zweiten Gruppenphase.

„Aufzählen der vielen Vorschläge, was man alles tun könnte, tun möchte. Claire und Béatrice haben einen ausgeführten Vorschlag zur Arbeit an der eigenen Lebensgeschichte (vier Einheiten à 2 Std.) mitgebracht mit Texten, die auch übersetzt werden, ein kleines Universitätsseminar in sich. Jean-Claude hat viele Dinge mitgebracht: Fotos, Objekte; er möchte viele Animationsmöglichkeiten erproben und möchte zugleich neue Erfahrungen mit sich selbst machen, „zugleich präzise Dinge tun und offen sein". René schlägt vor, die sakrale Dimension der Existenz zu erforschen und möchte als „dispositif"... dafür gemeinsam mit Jean-Claude eine Montage von Dias und Texten vorführen. Charlette bietet psychodramatischen Sprachunterricht mit Maske an und möchte außerdem mit Kindern etwas Positives machen. Isis und Jacqueline möchten mitmachen und Fabrice findet: „das ist eine gute Idee, das könnte uns voranbringen". Pierre hat komplexe Bedürfnisse; er interessiert sich für „Histoire de Vie" und für die Abweichungen (dérive) und vertraut im übrigen auf die Kraft der „Auto-Organisation". Er schlägt große Plakate vor, wo alle draufschreiben sollen, was sie wollen. Isis möchte verbalen und expressiv-körperlichen Methoden gleich viel Platz lassen. Die Idee einer Ausstellung, die von einigen Teilnehmern vor dem Treffen gemacht worden ist, taucht wieder auf. Viele weitere Vorschläge folgen. Es scheint kaum das Bedürfnis zu geben, den Stellenwert der Vorschläge für das Projekt zu diskutieren, zu koordinieren: Ansätze dazu versacken. Gegen 18.00 Uhr löst sich das Plenum nach und nach auf. Abends wird Volleyball gespielt, viele sind nicht mehr zu sehen."

Möglicherweise hätten die Animateure in anderen Begegnungsprogrammen Schwierigkeiten, zu erreichen, daß ihre Teilnehmer so viele Ideen produzieren. Nicht alle TeilnehmerInnen haben so hohe pädagogische

Ambitionen wie die unseren. Der Punkt aber, um den es hier geht, ist ein anderer. Denn gerade der Reichtum, die Vielfalt, die Unterschiede dessen, was potentiell auf der Tagesordnung steht, können als Blockierung wirken. An dieser Stelle setzen dann mehr oder weniger subtile Mechanismen ein, die im folgenden noch näher beschrieben werden. Es setzt sich gleichsam ein Lernprogramm hinter dem Rücken der Beteiligten durch. Seine Inhalte sind z.B.:

- Die Animateure sollen sich über die Tagesordnung streiten, wir Teilnehmer halten uns zurück.
- Am besten funktioniert es, wenn man gar nicht viel redet, sondern etwas miteinander macht, was auch ohne Worte geht, z.B. Ballspiel, Spazierengehen usw.
- Am besten, ich schließe mich einer kleinen Gruppe an, die ist sich schneller einig.

In jedem Fall erscheint die Gesamtsituation als eher unklar und unbehaglich. Was geschieht, ist in bestimmter Hinsicht paradox: die Teilnehmer und die Animateure haben die Situation gewissermaßen nicht im Griff, sie haben das „Etwas", das sie miteinander tun wollen, nicht im Griff. Und eben deshalb tun sie irgend etwas oder investieren sich im Gegenteil in fremdbestimmtes Handeln, um der Verwirrung des Sich-nicht-Verstehens, Sich-nicht-einigen-Könnens etc. wenigstens ein Stück weit auszuweichen. Aber dies ist ja zugleich eine Art und Weise, experimentierend mit dieser Verwirrung umzugehen. Es gibt eben keinen Meisterplan, der letztlich die Verwirrung löst. Es gibt keinen über den Kulturen stehenden Standpunkt, der „das interkulturelle Curriculum" ermöglicht (den gibt es nur für die, die glauben, daß ihr Glaube, ihr Ideal, ihre Utopie einen universellen Stellenwert hat und für alle anderen gültig sein muß). Wohl aber gibt es Möglichkeiten, das Interkulturelle ein Stück weit zu leben, die dabei gemachten Erfahrungen zu reflektieren und zu lernen, als Mensch, Bürger, mit Anderen besser zusammen oder auch getrennt leben zu können. Denn heute sind nicht mehr nur eine bestimmte Kultur, eine bestimmte Nation/Gesellschaft, bestimmte partikulare Lebenszusammenhänge einseitig bestimmend, sondern Fähigkeiten zu einer interkulturell-orientierten Lebensweise ausschlaggebend.

3) Sich Bilden im interkulturellen Kontext als Aktivität und Passivität

In unseren Versuchen, das Paradox zu überwinden, die dabei drohende gegenseitige Verkrampfung zu lösen, sind wir zunächst davon ausgegangen, daß der oben genannte Handlungsmodus der Orientierung und der Handlungsmodus des Etwas-Miteinander-Tuns im Blick auf die Wechselseitigkeit der am Bildungsprozeß beteiligten Personen als Verhältnis von Aktivität und

Passivität beschrieben werden muß: als „etwas tun“ und „etwas-mit-sich-geschehen-lassen“. Die Orientierungsfunktion ist das Moment der Aktivität: Ich überlege, was ich hier eigentlich will, ich konzentriere mich, ich versuche, Interessen zu formulieren, ich versuche, andere zu überzeugen, daß meine Interessen auch für andere interessant wären, ich versuche Koalitionsstrategien zu entwickeln, oder ich ziehe mich zurück und warte auf Gelegenheiten dafür. Zu diesen aktiven Orientierungsmomenten gehören auch Versuche, die Situation selbst zu thematisieren: (z.B. durch Interpretationen des Gruppenprozesses, oder durch Hinweis darauf, daß hier zuviel an Gruppenbeziehungen und zu wenig an die gemeinsame Aufgabe gedacht werde oder durch Feststellungen wie: „Ich kann mich hier nicht einbringen“ etc.). Sowohl das Vorschlagen etc. als auch das Interpreticren der Situation hat im Blick auf den Fluß des Geschehens einen *Doppel*charakter: Es bringt voran, macht Positionen sichtbar, ermöglicht, daß Situationen sich einander annähern oder in klaren Gegensatz treten; zugleich aber hält es den Prozeß auch auf. Es ist das, was man miteinander tun muß, *ehe* man etwas miteinander tun kann. Der Handlungsmodus des (einfach) Etwas-Miteinander-Tuns (egal, was) hat demgegenüber eher passiven Charakter, wirkt aber gerade so dynamisch. Denn die Dynamik von Bildungsprozessen entsteht eben daraus, daß Leute sich einlassen auf etwas, was sie noch nicht wissen, nicht unter Kontrolle haben. Aktivität und Passivität verschränken sich hier eigentümlich. Das „einfach-etwas-miteinander-tun“ in interkulturellen Begegnungssituationen sollte – so ist unsere Meinung – im Modus des *Lassens* auftreten, *des Sich-Bilden-Lassens*: Des Zulassens, daß etwas mit mir geschieht, des sich Einlassens, ohne vorher zu wissen, was dabei herauskommt, sich überraschen lassen, der eigenen Spontaneität trauen usw.

Dieses allgemeine Modell zu Prozessen selbstbestimmten, nicht schulisch-kanalisierten Lernens ist für Prozesse interkulturellen Lernens von besonderer Bedeutung. Eben weil ich hier nur lernen kann, wenn ich ein Stück weit in der Lage bin, „das Ziel zu vergessen“ (s.o.), kann ich nur lernen, wenn ich mit dem experimentiere, was ich habe: *meine* Interessen, *meine* Wahrnehmungsweisen, *meine* Neugier, aber auch *mein* Unverständnis, *meine* Abneigung. Der gute Wille, alles Fremde möglichst „vorurteilsfrei“ zu sehen – den vor allem deutsche Teilnehmer oft einbringen – kann eher hinderlich sein. Aber ich muß auch bereit sein, mich mit dem auseinanderzusetzen, was nicht wie gewohnt läuft, sich meinen Vorstellungen nicht fügt, was mit mir passiert, ohne daß ich es will. Wir glauben, daß interkulturelles Lernen in Gruppen dann am besten gelingt, wenn dieses aktive und passive Moment in einem gewissen Gleichgewicht sind, d.h. wenn sowohl bei Teilnehmern als auch bei Animateuren ebensoviel Bereitschaft da ist, die Situation in die Hand zu nehmen, nach dem eigenen Denkmuster zu gestalten, *wie* die Bereitschaft, sich überraschen zu lassen, sich mitziehen zu lassen, sich „befremden“ zu lassen. Auf jeden Fall sind wir nicht der Meinung, daß im interkulturellen Kontext Aktivität und Animation von Aktivität das einzig Wichtige sind.

Die bessere Alternative zum didaktischen Aktionismus bzw. zur „Überanimation“, wie wir das genannt haben, einerseits und zum „Stampfen im Sauerkraut“ andererseits, wird möglich, wenn Animateure selbst sich diesem Rhythmus von Sich-Einlassen auf andere und Eigenaktivität anvertrauen. Sie vergrößern damit die Chance, daß auch für die TeilnehmerInnen ein ähnlicher Rhythmus möglich wird: daß sie sich weder in die angebotenen Aktivitäten gleichsam fallenlassen (um sie eher hinterrücks zu boykottieren), noch sich im Planen, Organisieren und Durchsetzen eigener Ziele erschöpfen, sondern im Wechsel beides tun können: eigene Initiative zu entfalten und sich passiv (und neugierig) auf etwas einzulassen. Dies kann dann auch ein Beitrag sein zur Aufhebung der Versteinerung und Verkrampfung der polar aktiven und passiven Rollen, an denen viele Bildungsprozesse heute leiden. Es könnte dann deutlicher werden, daß Sich-Bilden immer mit beidem zu tun hat, mit Suchen und mit Sich-überraschen-Lassen, mit Planen und mit Neugierig-Sein, mit selbstbestimmtem Handeln und mit Sich-führen-Lassen.

4) „Ça me branche“ – „das bringt‘s“

Die bisherigen Überlegungen könnten so verstanden werden, als müsse nur genügend Vertrauen in die Selbststeuerungsfähigkeit einer Gruppe da sein, damit eine interkulturelle Begegnung gelingt. In unserer Arbeit schien das insoweit zuzutreffen, als die Gruppe nur wenig Animation brauchte, um aktiv zu werden. Es waren sehr viele Leute da, die Ideen hatten, es entstand ein vielfältiges und reichhaltiges Programm von Aktivitäten, die für viele die Qual der Wahl erzeugten. Es entstanden individuelle Initiativen von einzelnen oder auch eine Struktur der spontanen Organisation von Gruppen und Aktivitäten. Die Gruppe funktionierte – über weite Strecken – wie ein Markt, nach dem Motto: „Wer vieles bringt, wird manchen etwas bringen.“

In der gängigen Jugendsprache drückt sich diese Orientierung in der Redeweise aus, daß etwas (z.B. eine Lernerfahrung oder ein Musikstück) „es bringt“ oder eben „nicht bringt“. Im französischen und englischen wird dasselbe noch „technischer“ mit dem An- und Abschalten von elektrischem Strom verglichen: „ça me branche“, „this turns me on“.

Vor allem in den späteren Projektphasen war diese Struktur dominierend. Die Fixierung auf die Animateure hatte nachgelassen, aber nicht die kollektive Steuerung, sondern etwas anderes war an die Stelle der pädagogischen Autorität getreten. Die Gruppe war durchdrungen und getragen von einer kollektiven und weitgehend unbewußten Phantasie, die man als den Glauben an die „unsichtbare Hand“ oder auch den Glauben an die „große Mutter“

nennen könnte. D.h. die Gruppe agierte unter der stillschweigenden Annahme, daß ein vorgegebener, sinnstiftender, Bedürfnisse hinreichend befriedigender Rahmen existiere, der die *Arbeit der eigenen Herstellung* eines solchen Rahmens letztlich überflüssig mache.

Unabhängig von der Frage, ob das in anderen Begegnungsprogrammen auch so gelingen kann oder ob mit anderen Teilnehmern „mehr Animation" notwendig ist, damit die Gruppe aktiv wird, beschäftigte uns ein anderes Problem. Die Annahme, daß eine „unsichtbare Hand" die Aktivitäten einer Gruppe lenkt, hat ja im normalen Alltag ihre reale Grundlage. Alles Handeln in Gruppen ist hier ständig in soziale, kulturelle, auch national geprägte Vorstellungen und Strukturen eingepackt, die z.T. unbewußt sind, gerade weil sie so selbstverständlich sind.

Diese z.T. unbewußten Erwartungen an die Art, wie die Dinge sich entwickeln, werden aufgedeckt, wenn die kulturellen Selbstverständlichkeiten nicht mehr in gewohnter Weise funktionieren. Man kann dies z.B. an der Hochschule erfahren, wenn junge Männer und Frauen, die ihr Leben lang Schüler waren, plötzlich selber bestimmen sollen, was sie studieren sollen oder eine Arbeitsgruppe ohne Leitung besuchen und darüber irritiert sind. Verstärkt wird diese irritierende Erfahrung, wenn sie – wie im internationalen Jugendaustausch – in der unmittelbaren Konfrontation mit fremden Reaktionsweisen gemacht wird. Gewöhnlich wird dann gesagt: die Leute seien eben „autoritätsabhängig", d.h. nicht in der Lage, ohne feste Vorgaben zu lernen und zu arbeiten. Dies mag auch eine Rolle spielen, ist aber vermutlich nicht das Entscheidende. Sehr viel wichtiger scheint zu sein, daß es einfach sehr schwierig ist, in interkulturellen Gruppen nicht auf „bewährte" Muster zurückzufallen, sondern eine neue gemeinsame Struktur zu schaffen. Autoritätsabhängigkeit und Schwierigkeit der Selbstorganisation waren jedenfalls in unserer Gruppe sehr verschiedene Dinge.

Diese Hypothese erklärt vielleicht auch den Widerspruch, daß die Gesamtgruppe sich offenkundig in ihrer Fähigkeit zur Selbstorganisation von keinen Abhängigkeitsgefühlen gegenüber dem Team blockiert sah, andererseits aber keine kollektive Struktur (formeller oder informeller Art) entwikkelte, um ihre Rahmenbedingungen unabhängig vom Team zu organisieren. Es herrschten gleichsam die Verhältnisse einer großen Familie, in der die einzelnen Kinder (die Teamer als Individuen darin eingeschlossen) in unterschiedlichen Gruppierungen ihren jeweiligen Interessen und Aktivitäten nachgehen, dies aber eben deshalb so unbefangen tun können, weil sie davon ausgehen, daß für „das Ganze" schon irgendwie gesorgt ist.

Verallgemeinernd läßt sich das Muster, nach dem sich unsere Gruppe de facto organisiert hat, auch als „das bringt's – das bringt's nicht-Struktur" kennzeichnen. Nach meinem Eindruck ist dies die heute vorherrschende Organisationsform von Bildungsprozessen, und zwar überall dort, wo für das Sich-Bilden relative Wahlfreiheit besteht, Bildungsprozesse also nicht durch

Zwang und Gewaltverhältnisse ganz determiniert sind. Es scheint mir wichtig, diese „es bringt's"-Struktur – die sowohl in universitären Lernsituationen wie auch im weiten Feld der außerschulischen Jugend- und Erwachsenenbildung das dominierende Muster zu sein scheint – *sowohl* von der traditionellen Abhängigkeitsstruktur des Schüler-Lehrer- bzw. Lehrling-Meister-Verhältnisses zu unterscheiden, *als auch* von der sog. bloßen „Konsumhaltung". Mit letzterer wird diese Struktur zuweilen fälschlich gleichgesetzt. Die „es bringt's"-Struktur unterstellt zwar, genauso wie die Konsumhaltung, daß die Teilnahme an einem Bildungsangebot eine Sache der Wahlfreiheit sei und daß die *Kriterien* dieser Teilnahme – und ihre Wirkungen auf den Teilnehmenden – dessen Privatangelegenheit seien. Anders als die Konsumhaltung beschränkt sich aber die „es bringt's"-Struktur keineswegs auf passive Rezeption. Vielmehr kann gerade das Selber-etwas-tun „es bringen". Aber die Bedingung der Möglichkeit zu solcher Aktivität ist selber wiederum ein Kontext oder Arrangement, die „es bringen" müssen.

Kennzeichnend für diese Struktur ist z.B. die Art, wie das Verhältnis Großgruppe – Kleingruppe bei uns diskutiert wurde. Die Erfahrung, daß theoretische Diskussion und Selbstorganisation im Plenum immer wieder versacken, führte nicht zur Frage: „Woran liegt das?", sondern nur zur Feststellung: dieses Plenum „bringt's nicht" oder bringt's nur für ein paar Freaks, die gern reden, gern streiten.

Dementsprechend wurde dann auch im Plenum die Frage formuliert: „Wie kann die Kleingruppenbegeisterung auf die Großgruppe übertragen werden?" Für viele Teilnehmer war die Antwort einfach: Man muß nur all die Fragen, über die man sich uneinig ist, beiseite lassen und der Großgruppe ein gemeinsames Erlebnis verschaffen, an dem *alle* teilhaben können. Die Frage ist nur: wohin dann mit den Uneinigkeiten? Und vor allem, wer oder was schafft uns dies Erlebnis, das „es bringt"?

Diese „es bringt's"-Struktur kann sicher für das Lernen der einzelnen sehr effektiv sein, vor allem, weil sie das *subjektive Interesse* der einzelnen zur Norm erhebt und darauf verzichtet, es irgendeinem fremdbestimmten Bildungsanspruch zu unterwerfen. Sie entspricht in gewisser Weise dem Ideal einer nondirektiven Didaktik. Diese Struktur erhebt das Recht, an- und vor allem abzuschalten, zum Bürgerrecht.

Sie hat aber auch ihre Grenzen, wenn es darum geht, daß nicht nur Menschen sich *faktisch* bilden, sondern gemeinsam Strukturen und Bedingungen *entdecken* wollen, die ein „Sich-Bilden" ermöglichen, oder auch blockieren. Der „antihermeneutische" Charakter dieser Struktur, wie René das nannte, zieht den Möglichkeiten, „gemeinsam zu *lernen, wie* man lernt", enge Grenzen.

Fruchtbar ist dieses Modell ohne Zweifel dann, wenn der lernenden Gruppe ein gemeinsamer Glaube, eine gemeinsame Sinnrichtung, eine gemeinsame Zugehörigkeit zu einer Bewegung als einigende und sinnstiftende

Basis, die nicht in Frage gestellt werden kann, unterstellt werden darf. Im Kontext sozialer Bewegungen, die solch ein sinnstiftendes Gemeinsames voraussetzen können (Frauenbewegung, Ökologiebewegung, Bewegung der neuen Spiritualität u.a.), kann dieses Organisationsprinzip zu hoher Aktivität aller Beteiligten führen, weil jeder Lernprozeß zugleich eine Inszenierung oder eine Feier der vorausgesetzten Gemeinsamkeit ist.

Das Problem war nur, daß unsere Gruppe – wie die meisten Lerngruppen, insbesondere die, die sich dem interkulturellen Lernen öffnen – diese vorgegebene Gemeinsamkeit *nicht* hatte und auch weder durch Diskussionen noch durch gemeinsame Erlebnisse herstellen konnte. Sie herbeizuzaubern, gelang nur manchmal. Ich meine auch, daß alle Versuche, diese gemeinsame Sinngrundlage, die realistischerweise als „unsichtbare Hand" funktioniert, herzustellen, notwendig und zurecht scheiterten, weil unsere Gruppe damit ihr eigentliches Projekt verfehlt hätte. Denn die Frage: „Was heißt sich bilden?" ist ja gerade *nicht* (oder viel weniger) problematisch im Kontext einer „Bewegung". Hier ist die Richtung vielmehr klar, auch wenn die Wege für die einzelnen weit sein mögen. Unsere problematisch gewordenen Bildungskontexte, die Universität, die Schule, die außerschulische Bildung, lassen sich aber nicht einfach in „Bewegungen" verwandeln und auch nicht in ein gemeinsames Sammelbecken, das für alle sinnstiftend in jedem unserer Länder Ausdruck einer einzigen nationalen Kultur sein könnte. Diese Kontexte lassen sich auch nicht verändern, wenn wir so tun, als sei das Negative, die Ratlosigkeit, die Stagnation und die Blockade von Bildungsprozessen etwas, das uns selbst äußerlich bleibt; so als müßten wir nur diese institutionellen Fesseln abstreifen, um zu neuen Ufern aufzubrechen und müßten uns nicht mit unseren eigenen Widersprüchen konfrontieren. So beantworten wir nicht die Frage: „Was heißt, sich bilden?" Wir definieren sie weg.

Und ebenso wird die Aufgabe interkulturellen Lernens wegdefiniert. Es setzt sich dann als allgemeines Verhaltensmuster bei Jugendlichen, aber auch darüber hinaus, jene „Es-bringts"-Struktur als Regulativ interkultureller Beziehungen durch. Dies bedeutet, daß die Einzelnen der wachsenden Verflechtung der Kulturen und Sozialbezüge in Europa und im Weltmaßstab dadurch begegnen, daß sie ihre jeweilige Sichtweise und ihre jeweiligen kulturellen Muster als Selektionsapparat einsetzen. Die Einzelnen können dann im Prinzip die ganze Welt – und jedenfalls die europäische Vielfalt – als eine Art riesigen Supermarkt betrachten, auf dem sie jeweils herauspicken, was ihnen gefällt. Interkulturelle Erziehung Jugendlicher bedeutete demnach, Jugendlichen beizubringen, sich von der Vielfalt der Angebote nicht verwirren zu lassen, sondern die Vielfalt bewußt zu genießen und das auszusuchen, was ihnen schmeckt und gut bekommt. Interkulturelle Erziehung wäre dann gleichzusetzen mit Erziehung zum kritischen Kulturkonsum bzw. zum kritischen Konsum fremder Kulturen. Die „Reicheren", „Flexibleren", „Schlaueren", „Moderneren" etc. vereinnahmen dann die anderen. Beispiele dafür kann man etwa im „deutsch-deutschen" Vereinigungsprozeß seit 1989 reichlich finden.

Das Marktmodell ist sicher auch für den interkulturellen Austausch ein gutes Stück weit ein brauchbares Modell. Die Frage ist nur, ob es hinreicht. Ob es nicht nur deshalb als Modell so erfolgreich ist, weil die ganzen schwierigen Teile, die nicht auflösbaren Interessenkonflikte, die weniger erfolgreichen Aspekte der Kultur, die Differenzen zwischen denen, die profitieren und denen, die nicht profitieren, systematisch unter den Teppich gekehrt werden.

Die „unsichtbare Hand", das sind die Gesetze des Marktes, so hat Adam Smith es einst gelehrt. Dies gilt nicht nur für den ökonomischen sondern auch für den interkulturellen Austausch. Der Markt ist nicht pädagogisierbar, d.h. nicht im Sinne vorgegebener Rationalitäten planbar. Dies gilt für Bildungsprozesse und Prozesse des interkulturellen Austausches ebenso wie für die Ökonomie. Aber hier wie dort ist auch klar, daß die reine Logik der Marktgesetze kaum das ist, was einem menschlichen Miteinander förderlich sein wird. Im Bereich der interkulturellen Pädagogik stehen wir erst am Anfang der Versuche, auszubuchstabieren, was das heißt.

II. Animation und Praxisforschung als Interaktion

Burkhard Müller

Eine Gruppe wird animiert, eine Gruppe animiert sich, eine Gruppe ist am „Suchen“. Oder: Was unterscheidet ein Forschungsprojekt von einem „normalen“ Begegnungsprogramm?

Die erste gemeinsame Woche unserer Projektgruppe im ersten Jahr war, wie viele Äußerungen belegten, der Höhepunkt unseres Gruppenlebens. Es stimmte sozusagen alles. Wir trafen uns in einem schönen Haus am Hohen Meissner, dem mythischen Berg der deutschen Jugendbewegung, in einem sehr gastfreundlichen Haus, in dem wunderbar gekocht wurde, Ruhe zu einer intensiven Arbeitsatmosphäre war. Ein intensiver Einstieg; ein stark engagierender Austausch von Erfahrungen; dramatische Konflikte im Team, zwischen den Teilnehmern, Männern und Frauen, kreative Improvisationen, kurz: Leben. Und am Schluß in einer theatralischen Inszenierung noch einmal die Themen der Woche, solche, die bearbeitet wurden, oder „nur so“ im Raum waren: Fürsorglichkeit, Neugier, Anleitung, Ausprobieren, auf die Finger kriegen, Sexualität, Nähe, Einsamkeit, Arbeit, Altern, Tod, Weiterleben.

Die Erinnerung verklärt das ganze. Was aber bleibt daran relevant für einen Forschungsbericht? Was können andere Gruppen davon profitieren? Wie geht es, daß „es kommt“? Wie kommt es, daß „es geht“? Was ist gute Animation? Ein Teilnehmer definierte in der Diskussion: Animation bestehe darin, ein System der Repräsentation anzubieten, das in sich kohärent ist und präzise in dem Sinn, daß es den Teilnehmern Möglichkeiten eröffnet, ihre eigenen Aktivitäten, Interessen und Gefühle innerhalb dieses Systems zu entfalten und abzubilden. Statt System der Repräsentation könnte man auch das im französischen geläufige Wort „dispositifs“ oder schlicht „Arbeitsform“ verwenden. Ob es sich dabei um vorgeschlagene Spielregeln für eine Gruppenaktivität handelt, z.B. eine nonverbale oder körperliche Aktivität, um ein künstlerisches Medium, um Vorschläge von Themen und Arbeitsformen oder um eine Form körperlicher oder sportlicher Aktivität oder anderes, kann hier erst einmal außer Betracht bleiben. Gute Animation heißt auf jeden Fall, ein möglichst maßgeschneidertes System solcher Repräsentationen für jeweilige Teilnehmerbedürfnisse zu entwickeln. Damit soll betont werden: Animation heißt nicht, Leute für irgendeine Sache zu begeistern, sondern Leuten eine Form anzubieten, innerhalb derer sie reiche Eigenaktivitäten und intensive

Formen des Erlebens ihrer selbst und ihrer Beziehung zu anderen verwirklichen können. Dies Verständnis von Animation beschränkt sich nicht auf Aktivitätsangebote an Gruppen, bei denen alle mitmachen müssen. Animation kann auch einfach das Gestalten eines Raumes, die Beschaffung von Material, mit dem man „spielen" kann, sein.

Dies Verständnis von Animation ist nichts anderes als ein Antwortversuch auf die Frage: Was muß ein Team tun, das Gruppen helfen will, „sich zu bilden"? Ich möchte hier auf weitere Beispiele verzichten, und verweise auf andere Teile des Berichtes.

Der Forschungsauftrag unseres Projektes reduzierte sich aber nicht darauf, ein Beispiel „wie es geht" vorzustellen. Vielmehr sollte es ja vor allem darum gehen, möglichst genau auch zu beschreiben, welche Möglichkeiten und welche Übertragbarkeit solche Prozesse der „Selbstbildung" im Kontext internationaler Begegnung haben. Es ging also auch nicht einfach darum, eine möglichst „gute" Begegnungserfahrung zustande zu bringen. Eher ging es darum, unsere „gute" Gruppe zu nutzen, um auch die schwierigeren Seiten dieser Begegnungserfahrung genauer anzusehen. Gerade deshalb glauben wir, auch einen Beitrag für „normale" Begegnungsprogramme zu leisten, sofern diese meist nicht in der Lage sind, Bedingungen zu schaffen, die es ermöglichen, ihre Arbeit genauer zu analysieren, bzw. beides gleichzeitig zu machen: (gute) Animation und zu erforschen, was damit im interkulturellen Kontext geschieht.

Der Zusammenhang von internationaler Begegnung, Forschung und Animation ist ja der Rahmen, in dem unser ganzes Programm steht. Es soll Forschung sein, d.h. neue Erkenntnisse über Bildungsprozesse erbringen, zugleich aber auch Animation. Das heißt, die Forschungsergebnisse können nicht von einem Standpunkt *außerhalb* von Bildungsprozessen gewonnen werden, sondern nur in ihnen, was bedeutet, daß die Forschung nur aus der Beschreibung und Theoretisierung eines Selbstversuchs der Animation gewonnen werden kann. Es soll zudem Forschung sein, die anwendungsbezogen ist, d.h. für die Praxis der Animation im Rahmen des DFJW und anderer internationaler Organisationen nützliche Anregungen bringt.

Die Nützlichkeit unserer Forschung für die Praxis läßt sich nicht so herstellen, daß wir nachahmbare Modelle für Bildungsprozesse entwickeln. Denn die Frage, was heißt „sich bilden", macht sich für unsere Forschungsgruppe notwendigerweise an *anderen* Erfahrungen und Frage-Horizonten fest, als dies für andere sich bildende Gruppen, insbesondere Jugendgruppen, der Fall wäre. Es sollen auch nicht Erfahrungen und Prozesse erforscht werden, die so allgemein sind, daß sie auf alle sich bildenden Gruppen zutreffen und damit letztlich banal sind. Vielmehr sollen Möglichkeiten erforscht werden, im Rahmen von Animationsprogrammen die jeweils eigenen Leidenserfahrungen und Hoffnungen, Erfolgserlebnisse und Sackgassenerfahrungen austauschbar und bearbeitbar zu machen.

Ich gehe davon aus, daß es ein notwendiges Element aller vom DFJW geförderten Programme sein muß (und immer schon war), solche Prozesse eines individuellen, aber auch gemeinsamen „sich bildens" zu fördern, auch wenn dies nicht in allen Programmen gleichermaßen gelingen kann oder in allen gleichermaßen sichtbar wird (vgl. Müller 1996). Von dieser Voraussetzung her scheint mir evident, daß zum Gelingen von pädagogischen Aktivitäten (Austauschprogrammen etc.) in diesem Rahmen nicht nur eine gekonnte Animation gehört, sondern auch eine gewisse Forscherhaltung notwendig ist.

Unter dem Einnehmen einer Forschungshaltung verstehe ich den Versuch, die symbolischen Bedeutungen verstehen zu wollen, die ein solches Betätigungsfeld (und die Tätigkeiten, die sich in ihm entwickeln) für das Alltagsleben derer haben, die daran teilnehmen. Zum Beispiel die Tatsache, daß das Essen im fremden Land besonders schmeckt – oder auch nicht – nicht nur als Tatsache zu nehmen, sondern verstehen zu wollen, was das für die Begegnung „bedeutet". Eine „gute", d.h. maßgeschneiderte Animation einer Gruppe ist gar nicht möglich, ohne auch ein Stück weit aus dieser Forscherhaltung zu erwachsen. „Gute" Animation enthält immer symbolische Widerspiegelungen dessen, was die Teilnehmer mitbringen und läßt Raum für das, was die Teilnehmer einbringen. Aus diesem Grund ist Animation, die „zu fertig" ist, die sich nicht aus einer Forscherhaltung heraus erneuern kann, tote Animation, die nur mechanische Aktivitäten, aber keine innere Bewegung erzeugen kann.

Der Unterschied zwischen einem Programm der Forschungsanimation und einem „normalen" Programm besteht darin, daß in letzterem die Forscherhaltung nur eine untergeordnete Bedeutung hat, sofern sie der Verbesserung der Animation dient. In einem Programm der „Forschungsanimation" ist die Gewichtung umgekehrt. Forschen im beschriebenen Sinn ist auch hier nur möglich, wenn es geschieht in Versuchen, zu animieren (zu bilden) und sich animieren (bilden) zu lassen. Aber der Versuch, zu verstehen, was die Aktivitäten der Gruppe mit dem Alltagsleben der daran Beteiligten zu tun haben (und inwieweit dies Alltagsleben im Leben der Gruppe symbolisch repräsentiert ist), dient nicht nur der Verbesserung der Animation, sondern hat einen eigenen Stellenwert. Exemplarisch Lernprozesse zu beschreiben, die beides verknüpfen, ist hier selbst das Ziel. Der Idealfall eines solchen Programms wäre, wenn sich ein Maximum von Verstehen dessen, was läuft, und ein Maximum an selbstbestimmter Aktivität miteinander verbindet. Dies scheint mir ein glücklicher Ausnahmefall zu sein. Für die Forschungsziele sind das Verstehen von Brüchen, von mißlungener Animation, von Zähigkeit und Frust in der Gruppe ebenso wichtig wie die Beschreibung der Bedingungen allseits befriedigender Gruppenerfahrungen.

Wenn nach diesem Verständnis das Feld der Forschung die symbolischen Verbindungen sind, die zwischen dem Leben der Gruppe und dem Alltagsleben der Teilnehmer bestehen, so muß eines deutlich sein: Das Feld der Forschung ist sehr viel komplexer, als das, was tatsächlich erforscht werden kann. Was wir faktisch tun können, gleicht eher dem Versuch, einzelne Wege durch einen Urwald zu bahnen.

Nach diesem Verständnis läßt sich das Verhältnis von Animation und Forschung auch als Verhältnis von *Didaktik und Analyse* fassen.

„Die Grundfigur von Didaktik ist: sich selbst und eine Gruppe auf eine Form von Aktivität konzentrieren, die Selbst-Ausdruck ermöglicht“ (Forschungsbericht 1. Jahr). Diese Definition ist eine Variante des hier vertretenen Animationsbegriffs. Animation steht somit für eine neue Didaktik des „Sich bildens“, die sich von einem schulischen Verständnis von Didaktik grundlegend unterscheidet: d.h. von einem Verständnis, das Bildung als einseitigen Informationsprozeß von oben nach unten versteht. Beispiele sind: Freinet-Pädagogik, Gruppendynamik, Encounter, Bioenergie und Körperarbeit, Theater- und Medienpädagogik, u.a.m. Die Beiträge von H. Dauber in diesem Band sind ebenfalls Beispiele für diese neue Didaktik. Ich denke, daß diesen sehr unterschiedlichen Techniken gemeinsam ist, daß sie das Moment der Animation, der Entwicklung von Eigenaktivität in den Vordergrund stellen. Damit soll weder die Bedeutung von Gruppen noch der Einfluß gesellschaftlicher, kultureller, nationaler, institutioneller Prägungen vernachlässigt werden, sondern es geht darum, jedem Einzelnen einen bewußteren Umgang damit zu erlauben. Ich meine damit auch nicht, daß diese Techniken ausschließen, sie mit einer forschenden Haltung zu verbinden, welchc diese Techniken erst zu einer lebendigen Animation machen. Ich denke trotzdem, daß diese Formen der Animation, die auch in unserem Programm in verschiedensten Formen benutzt wurden, für sich allein noch nicht rechtfertigen, das Programm ein Forschungsprogramm zu nennen.

Ich habe zum komplementären Begriff der Analyse in einem Zwischenbericht geschrieben:

„Die Grundfigur von Analyse ist: eine „gleichschwebende Aufmerksamkeit“ (Freud) zu entwickeln, die sein läßt, was ist, aber es gerade so durchsichtig macht, die Symbolik des „hier und jetzt“ lesbar macht.“ Die Annahme dabei ist, daß besseres Verstehen auch Veränderungsmöglichkeiten erschließt; gerade dazu aber müsse Analyse ein Stück weit „tendenzlos“ (Freud 1919) also nicht didaktisch sein.

Dieses Verständnis von Analyse bzw. Forschung ist kein Modell, das sich nur auf die Erforschung psychischer Vorgänge beschränken läßt (und unser Forschungsvorhaben hat mit der *Psycho*analyse nicht das geringste zu tun). Eine analytische Haltung in diesem Sinn heißt nur: die Mehrdeutigkeit dessen, was geschieht, das Hier und Jetzt *und* die Phantasien, die sich daran knüpfen, die Figuren *und* ihre Schatten, das Gesprochene *und* das dabei Verschwiegene verstehen zu wollen, was nicht unbedingt heißt, es thematisieren zu wollen.

Wo Wahrnehmungen und Phantasien, die aus dieser Haltung entstehen, formuliert werden, werden „Deutungen“ formuliert. Deutungen sind natürlich selbst ein dynamisches Element, bilden einen Teil von Animation (oder auch Anti-Animation), bilden Wirklichkeit in der Gruppe nicht nur ab, (vorausgesetzt sie stimmen), sie verändern die Wirklichkeit auch. Der Begriff ist aber mißverständlich, er klingt so ähnlich wie „Diagnose", die etwas vollkommen anderes meint. Klarer wäre es vielleicht, wenn statt von Deutung von „*Mehr-Deutung*" die Rede wäre. Deutungen sagen nie: „So ist es und nicht anders". Sie weisen immer nur darauf hin, daß in einer Situation zwischen Menschen *mehr* geschieht, als gerade sichtbar ist. Die Intention von Deutungen ist, diskrepante und sich gegenseitig widersprechende Erfahrungen von Wirklichkeit nebeneinander stehen zu lassen. Eine Deutung, die behaupten würde: so ist es, und nicht anders, wäre keine Deutung mehr, sondern eine – wahre oder falsche – Diagnose.

Dieses Wechselverhältnis von Animation und Forschung, von Didaktik und „gleichschwebender Aufmerksamkeit" (analytische Haltung) scheint uns für die interkulturelle Bildung sehr wichtig, auch wenn wir uns klar sind, daß in der praktischen Arbeit oft der Animation bzw. der Didaktik die größere Aufmerksamkeit gelten muß. Dies aber genügt vor allem deshalb nicht, weil jede Animation bzw. jede Gruppen- und Teamarbeit und jede Didaktik immer bestimmten „monokulturellen" Mustern folgt. Und je mehr ausgebildet eine Methode ist und je mehr sie mit dem Anspruch einhergeht, eine universale Methode der Menschenbildung zu sein, desto wahrscheinlicher ist, daß sie zugleich eine Monokultur eigener Art darstellt, die in Konfrontation mit anderen „Kulturen" (anderen Traditionen, anderen Wahrnehmungsweisen, anderen Regeln des alltäglichen Zusammenlebens usw.) eben auch Probleme schafft, die nur auf dem oft mühsamen Weg „interkultureller" Verständigung zu lösen sind. Da es aber auch bei den Animationsmethoden den neutralen Außenstandpunkt nicht gibt und keiner aus seiner Haut heraus kann, bleibt auch hier nur das Wechselspiel: die jeweils eigene Methode ins Spiel zu bringen, also nach besten Kräften einer Gruppe zur Entfaltung zu helfen, aber gleichzeitig sensibel dafür zu sein, was andere ins Spiel bringen und vor allem für das, was gleichsam „zwischen" den Methoden und Animationskonzepten passiert. Auch dies ist eine Variante des oben beschriebenen Wechsels zwischen Aktivität und Passivität.

In jedem Fall sind wir der Meinung, daß auch „normale" Animateure nicht darum herumkommen, ein Stück weit „Forscher" zu sein, d.h. zu lernen, auf jenes „Zwischen" zu reagieren. Ohne ein Stück solcher Forscherhaltung ist es vielleicht möglich, Gruppen zu aktivieren, aber kaum möglich, sie zu interkulturellem Lernen anzuregen.

III. Animation und gruppendynamische Konflikte

Florence Giust-Desprairies

Der folgende Text ist eine Lektüre des Gruppenlebens im Verlauf der verschiedenen Begegnungen. Er versucht, den Umgang des Forscherteams mit der Animation darzulegen und zu analysieren: welche Oppositionen und Allianzen im Team bestanden, welcher Art diese waren und wie sie den Ablauf des Gruppenlebens beeinflußten. Er versucht, einen Einblick in die Positionen der einen und der anderen in den gegebenen Situationen zu vermitteln und deren Konsequenzen auf die Interaktionen in der Gruppe aufzuzeigen.

Zum besseren Verständnis der vorangegangenen und kommenden Überlegungen sei hier noch einmal kurz zusammengefaßt, was uns für jede der einzelnen Begegnungen als charakteristisch erschien.

1) Phasen des Gruppenlebens

1. Begegnung: Vaucresson

Die erste Begegnung in Vaucresson bestand in erster Linie aus Plenumssitzungen. Es geht ausdrücklich darum, die zukünftige Forschung zu organisieren. Man trifft hier auf die klassische Opposition zwischen denen, die zuerst das Objekt eingrenzen möchten, um mit der Arbeit zu beginnen, und denjenigen, die der Meinung sind, daß die gemeinsame Organisationsarbeit schon integraler Bestandteil der Forschung selbst sei. Der Begriff des Paradox' durchzog die gesamte Begegnung. Die Gruppe kann nicht voranschreiten, bevor sie ihr Objekt definiert hat, und das Objekt kann nur definiert werden, wenn die Gruppe voranschreitet. Der Widerspruch, zugleich Objekt und Subjekt der Forschung zu sein. Eine häufig gestellte Frage: Ist es möglich, gleichzeitig nachzudenken und zu handeln (vgl. oben Kap. II, I.1)?

Die Begegnung von Vaucresson war durch den Versuch gekennzeichnet, die Situation in abstrakter Form zu interpretieren: Papiere, die die Konzepte der Teamer darlegen, stereotypierte mündliche Vorstellung der eigenen Interessen, Diskussionen über die Theorie. Im allgemeinen besteht Einigkeit darüber, daß jeder der Teilnehmer sich als eigener Forscher betrachtet und daß jeder zugleich Subjekt und Objekt dieser Forschung sei.

2. *Begegnung: Germerode*

Die zweite Begegnung war in verschiedener Hinsicht durch den Kampf um Macht und Territorium gekennzeichnet. Die Forscher bringen sich in einer Über-Animation ein, die als schwieriges „Aufeinander-Einstimmen" und als Konkurrenz gelebt wird.

Diese Auseinandersetzungen standen auch in den Gruppenaktivitäten an erster Stelle. Unterschiede zwischen Mann und Frau, zwischen eher intellekt-bezogenen und eher körper-bezogenen Teilnehmern, zwischen Deutschen und Franzosen, etc. kommen konfliktreich zum Ausdruck.

Die Frage nach dem Erlaubten und Unerlaubten ist gegenwärtig.

In einer sehr einladenden und abgeschiedenen Umgebung entwickelt sich ein bedeutsames Gruppenleben.

3. *Begegnung: Lac Chambon*

Die Machtkämpfe, so wie sie während der Begegnung in Germerode gelebt worden sind, wie auch die Auseinandersetzungen zwischen Teamern über ihre methodologischen und theoretischen Divergenzen, scheinen von der Gesamtheit der Gruppe recht intensiv empfunden worden zu sein, und die folgende Begegnung am Chambon See ist gleichzeitig durch eine Unter-Animation der Teamer und durch die Einrichtung vielfältiger Arbeitsgruppen auf Initiative der Teilnehmer gekennzeichnet.

Wegen dieser Unter-Animation entstehen Freiräume, in denen besonders auch von den Frauen Vorschläge entwickelt werden. (Die Animation des Teams in Germerode war vor allem Angelegenheit von Männern, wurde aber zum Schluß von Frauen in die Hand genommen: Animation eines Theaterspiels durch Isis über Bildung und Autorität.) Diese methodisch strukturierten Vorschläge werden zur Grundlage des Wochenprogramms.

4. *Begegnung: Freiburg*

Die vierte Begegnung ist hauptsächlich durch eine deutsch-französische Konfrontation gekennzeichnet, die ihren Ausgang in nationalen Vorstellungen über die Vergangenheit, über die deutsch-französische Geschichte nimmt.

Ein Besuch bei einer Bürgerinitiative wurde vorgeschlagen, die von ihrem historischen Kampf gegen die Konsequenzen der Oberrhein-Kanalisation berichtete. Diese Begegnung offenbart Reaktionen und Vorstellungen, die wiederaufgenommen werden und heftige Emotionen auslösen.

Es war vorgeschlagen, das Verhältnis, das jedes Individuum zu dieser Vergangenheit unterhält, in einer Arbeitsgruppe zur „Lebensgeschichte" zu erforschen. Diese Arbeitsgruppe nahm während der Begegnung einen wichtigen Platz ein. Die Verwendung eines Hakenkreuzes als Methode („dispositif"), Reaktionen zu testen durch einen französischen Teamer erzeugte ebenfalls große Wut und wird im Plenum diskutiert.

Parallel existieren die anderen Arbeitsgruppen auch während dieser Begegnung weiter.

2) Dynamik des binationalen Teams

Was eine deutsch-französische Arbeitsgruppe charakterisiert, ist die notwendigerweise binationale Animation. Wenn man die extreme Schwierigkeit kennt, schon eine gemeinsame Animation mit einem Kollegen der eigenen Muttersprache und Kultur durchzuführen, wird man sich leicht die Hindernisse und Widerstände in einer deutsch-französischen Begegnung vorstellen können. Sicherlich war das Risiko begrenzt durch Kontaktsitzungen zwischen deutschen und französischen Forschern, die vom ehemaligen Referat IV, heute Referat VII des DFJW (experimentelle Programme und pädagogische Untersuchungen) organisiert wurden. Abcr in der konkreten Organisation eines binationalen Forscher-Teams wird es immer auch Unvorhergesehenes geben. So kennen sich nicht alle Forscher vor Beginn der Forschung. Es ist kaum möglich, am Anfang eines Forschungsprogramms des DFJW die epistemologische und vor allem methodologische Orientierung der verschiedenen Teammitglieder wirklich zu verstehen. Wir verfügen nur über Repräsentationen, die immer ungewiß und meistens wenig fundiert sind. Aber im Verlauf der Forschung, in den gegebenen Situationen werden die Forschungsattitüden deutlich, die Fähigkeiten werden aufgedeckt, das Erkenntnisinteresse offenbart sich, die Widerstände nehmen Profil an und konkretisieren sich.

In den ersten Begegnungen war es möglich, sehr deutlich zu erkennen, daß die fünf Forscher sich in ihrem Handeln an recht klar definierten theoretischen Bezugsrahmen orientierten, auch wenn diese nur indirekt wahrgenommen werden konnten. Diese Bezugsrahmen umfaßten unterschiedliche Betrachtungsweisen und Haltungen, erlaubten aber auch unterschiedliche Allianzen zwischen einzelnen Forschern. Dennoch schienen die Unterschiede stark genug ausgeprägt, um ihren Ausgleich zu erschweren, wenn nicht unmöglich zu machen. Unsere Arbeit stellt sich also als ein Vorgehen auf der Basis von vorher nicht harmonisierten und nicht auf den kleinsten gemeinsamen Nenner gebrachten Konzeptionen dar. Die Auseinandersetzung mit unseren Unterschieden in der Situation selbst und die kollektive Akzeptanz einer zuvor nicht erfolgten Aufeinander-Einstimmung war für uns als „instituierendes“ (= institutionell verändernd wirkend) Vorgehen interessant. Im Rahmen der Aktionsforschung, für die wir uns engagiert hatten, waren wir alle daran interessiert, diesen Prozeß in seinem Ablauf selbst zu untersuchen.

Die Konflikte zwischen den Animateuren wurden hauptsächlich in Germerode als Machtkämpfe gelebt. Jeder versuchte, die Gruppe in sein Lager zu ziehen, von seinem Ansatz zu überzeugen.

Heinrich bezieht seine Macht aus einem Angebot auf dem emotionalen Gebiet, die Gruppe vor dem Negativen zu bewahren. Zu diesem Zwecke stellt er sich gegen Methoden, die für ihn die Gefahr bergen, die Harmonie zu zerstören.

Die Macht von Isis beruht auf der Überzeugung, Gleichberechtigung zwischen den Mitgliedern des Teams und den Teilnehmern herstellen zu wollen. Indem sie sich mit den Frauen der Gruppe verbündet, stellt sie einen für sie viel bedeutsameren Unterschied in den Vordergrund: den zwischen Männern und Frauen. Durch diese Position hält Isis die führende Stelle in der Frauengruppe (vor allem der deutschen Frauen), die sich durch sie kraftvoll artikuliert. Dies ist vor allem die Situation in Germerode, wo es ihr, mit der Macht der Frauen gegen die Männer spielend, am Ende der Begegnung gelingt, eine feminine Oppositionskraft gegen die von den Männern eingenommene Macht wieder einzubringen. In der Folge liegt die Macht von Isis eher in einem Bündnis mit Heinrich, um die Thesen der Gestalttheorie zu verbreiten und zu verteidigen.

In Germerode liegt die Macht von René in einer klassischen Animationshaltung, die als eine Position des „Lehrmeisters“ (maître) bezeichnet werden kann. Er sammelt um sich und seinen existentiellen Ansatz eine Gruppe von Franzosen, die er selbst dafür geworben hat und für die er, nach ihrer Aussage, ein theoretisches und affektives „Rückgrat“ dartsellt. Diese Position des „Lehrmeisters“, wie auch die Bildung einer Untergruppe, die sich um seinen Ansatz strukturiert und die von mehreren wie ein Gegen-Team erfahren wird, gerät, nachdem sie heftig in Frage gestellt worden war, in den Hintergrund. René bemüht sich während der folgenden Begegnungen verstärkt um eine Haltung des „existentiellen Zuhörens“, die auf die Gruppe und ihre Veränderungen konzentriert ist. Gleichzeitig schlägt er aber Arbeitsmethoden („dispositifs“) vor oder beteiligt sich an den von anderen vorgeschlagenen Aktivitäten.

Burkhard ist recht argwöhnisch gegenüber den emotionalen und vereinigenden Ansätzen und gegenüber der Neigung der Gruppe, in eine „zu gute Animation“ zu verfallen. Er ist darum bemüht zu verstehen, was in der Gruppe, aufgefaßt als Forschungsfeld, geschieht. Und indem er die Frage nach der Beziehung zwischen Animation und Forschung offenhält, wird er in Germerode aufgrund seiner Beiträge als „Spielverderber“ betrachtet, der die Harmonie zerstört. Bei den folgenden Begegnungen bewahrt er ein wenig diesen Ruf, Spannungen in den Ablauf einzubringen, indem er demonstrativ für Handlungen und Positionen eintritt, die gegen den Strom verlaufen. Und dies um so mehr, als die Teilnehmer auch immer von den konfliktvermeidenden, emotionalen und einigenden Ansätzen der Anhänger der Gestalttheorie profitieren konnten.

In Germerode wurde behauptet, daß die Macht von Florence, also meine Macht, darin bestünde, in der Gruppe das Wissen über die Gruppe zusammenzutragen. Im eigentlichen Sinne bringe ich selbst keine Animation ein, meine Macht ergibt sich vielmehr aus der Analyse latenter Bedeutungen, die das Gruppenleben strukturieren. Das Entziffern der internen Logik, so wie sie die Gruppe jeweils gestaltet, löst Erleichterung aus, erlaubt zu bestimmten Momenten Verschiebungen, kann aber auch als schwer erträglich erlebt werden.

Im Lauf der Begegnungen teilt sich das Team in zwei Blöcke je nach der Art und Weise, wie man an die Ereignisse in der Gruppe herangeht, und je nach der Lösungsmöglichkeit, die in der gegebenen Situation bevorzugt wird:

A. Eine Untergruppe, die aus Heinrich und Isis (Teamer und Teamerin, deutsch) besteht, die deutlich der Gestalttheorie anhängt und den neuen entwicklungspsychologischen Ansätzen in der Pädagogik und Psychologie („Mouvement du potentiel humain"/„human potential movement") nahesteht.
B. Eine Untergruppe mit Florence, René und Burkhard (Teamerin und Teamer französisch, Teamer deutsch), die auf psychologischem, soziologischem und institutionellem Gebiet analytischer orientiert ist und der Dynamik des Plenums großes Interesse entgegenbringt.

Die Analyse der Gruppendynamik unter den Forschern zeigt außerdem einen Konflikt zwischen den Teamerinnen Florence und Isis in Bezug auf ihr Verhalten und ihre Positionen in der gegebenen Situation sowie eine Konkurrenz um den Platz als „intellektuelle Frau" im Team.

In einem anderen Konflikt stehen sich die deutschen Teamer Heinrich und Burkhard gegenüber. Er ergibt sich aus der unterschiedlichen Bedeutung, die sie der Interpretation von gegebenen Situationen vor allem in der Gesamtgruppe zugestehen, und aus den verschiedenen Theorien, auf die sie sich beziehen. Heinrich widersetzt sich auch der Handlungsweise von René in den jeweiligen Gruppen, die er, ausgehend von seiner extremen Vorsicht im Umgang mit offenen Konflikten, gewiß als zu aggressiv empfindet. Isis erträgt die analytischen Interpretationen von Florence schlecht, die aber andererseits von Burkhard wie auch von René geschätzt werden. Isis reagiert auf die Beiträge von René sehr heftig.

Die Konflikte zwischen den Teamern wurden als Machtkampf erlebt, aber auch als Unterschiede in den theoretischen und methodischen Ansätzen und in der Einschätzung der gegenseitigen Positionen. Der erste bedeutende Konflikt ist gekennzeichnet durch die heftigen Attacken gegen den offensichtlichen Positivismus von Marc (dem anschließend ausgeschiedenen Teamer), gegen seine Vorliebe für das, was er unter Kohärenz und wirkungsvollem Handeln versteht. Nach der Analyse von René läuft alles so ab, als ob in einer kleinen Gruppe, die sehr frei und ohne offizielle Leitung funktioniert, ein „Sündenbock" gefunden werden müsse, der dazu berufen sei, ob im Guten oder im Bösen, den Geist der *Rationalität* und die Sorge um die *Kohärenz* zu repräsentieren. So könne sich jedes Mitglied der Gruppe im negativen wie im positiven Sinn mit diesem „Opfer" identifizieren. In jedem Fall bliebe seine Funktion dieselbe: ein Schutz vor der Angst der Zersplitterung, dem Chaos und dem „Uranfänglichen Wahnsinn", der auf die Gruppe wie auch jedes Individuum lauert. Durch seinen Stil, seinen sozialen Status, sein Benehmen, seine Stellungnahmen reihe Marc sich in dieses Schema ein und gäbe dem erforderlichen Bild des „Opfers" seine Gestalt. Nun handelt es sich dabei aber immer um eine Reduktion der Komplexität und der Ambivalenz des realen Menschen, wie es das Beispiel von Marc übrigens deutlich zeigt, der von den Fragen des Imaginären begeistert und volles Interesse für alle diejenigen empfindet, die alltägliches Handeln zu theoretisieren und zu verstehen wissen.

Im Verlauf des Forschungszyklus haben einige Mitglieder des Teams das Gefühl, daß in der Perspektive der Gestalttheorie, wie sie in der Gruppe von Heinrich entwickelt und von Isis unterstützt wird, nur der individuelle Bildungsprozeß thematisiert werden kann, aber nicht die Probleme von großen Gruppen in Kontakt mit der Institution.

Heinrich tritt dagegen dafür ein, daß im Zentrum dieser Arbeit weniger institutionelle Gegebenheiten und Regeln stünden, als vielmehr die Bewußtwerdung persönlicher Erfahrungen, früherer Eindrücke, aktueller Empfindungen und Gefühle. In dem Maße, in dem körperliche Empfindungen bewußt wahrgenommen werden können, seien sie im Hinblick auf gelebte Erfahrungen aussagekräftiger als persönliche Interpretationen. Mittelpunkt der Forschung und der Animation (im Sinne der Aktionsforschung) seien also individuelle und gruppenspezifische Beziehungen zwischen den einstmals erworbenen Modellen, den von ihnen verursachten Prägungen und den aktuellen Themen im „Hier und Jetzt".

Burkhard präzisiert, daß für ihn die Unterscheidung zwischen Forschung und Animation ausschlaggebend sei, denn das Interesse, das verstehen zu wollen, was geschieht, und das Interesse, daß etwas geschieht, höben sich gegenseitig in gewisser Weise auf. Für ihn besteht die Aktionsforschung gerade darin, diese beiden Aspekte dialektisch zu einer Synthese zu führen (vgl. oben Kap. 2, II).

Auf theoretischer Ebene bestünde ein grundsätzlicher Unterschied zwischen einer ganzheitlichen und einer dialektischen Denkweise. Und die Schwierigkeit, uns zu verstehen, läge genau in diesem Unterschied begründet. In einer anderen, von mir entwickelten Sichtweise wird es möglich, diese grundsätzlichen Divergenzen, die auf impliziten philosophischen Positionen und auf einer Beziehung zwischen unvereinbaren Dingen beruhen, anders zu benennen. Auf der einen Seite eine Haltung, nach der das „Hier und Jetzt“ selbst alles enthält, was wir benötigen, um zu verstehen, was in der gegebenen Situation zur Debatte steht. Der Moment mit seinen Kennzeichen, seinen unmittelbaren Gegebenheiten sei unmittelbar entzifferbar. Auf der anderen Seite eine Haltung, nach der das „Hier und Jetzt“ nur einen Sinn habe, wenn es auf einen Interpretationsrahmen bezogen werde, der per Definitionem weiter gefaßt sei.

3) Unterschiedliche Situations-Deutungen

Im Verlauf der verschiedenen Begegnungen gibt es Momente der Blockierungen, die von allen als solche erkannt werden. Diese kommen im Plenum zum Ausdruck. Aber auch da treten zwischen den Teamern Unterschiede in ihrer Einschätzung dieser Situationen auf. Ich stelle sie dar, um am Beispiel zu zeigen, daß es in solchen Gruppen keinen „neutralen“ Standort gibt, von dem man aus entscheiden kann, wer recht hat. Es können ja unterschiedliche Auffassungen für unterschiedliche Leute „richtig“ sein. Auch diese (von mir formulierte) Interpretation ist nur, auf den Kontext der Situation bezogen, als eine Sichtweise zu werten.

Für Burkhard, René und für mich selbst erscheint es wichtig, die im Plenum erlebten Spannungen im Prozeß der Aktionsforschung zu analysieren und zu verstehen, da wir uns bemühen, für den Gruppenprozeß und das, was „institutionell auf dem Spiel steht“ (enjeux), empfänglich zu sein. Isis sieht in diesen Spannungen ein unnötiges Leiden und arbeitet auf ein verstärktes Auseinanderbrechen in kleine Gruppen hin. Heinrich vertritt die Meinung, daß das Plenum nicht positiv arbeitet, weil die meisten Teilnehmer und einige Mitglieder des Teams daran nicht interessiert seien. Als Folge einer Über-Animation in Germerode, die als heftige konfliktvolle Konkurrenz erlebt wurde, zeichnete sich die Begegnung in Chambon durch eine Unter-Animation aus. Es ist allen klar, daß im Plenum eher eine gespannte Stimmung herrscht, außer in den Gestalt- und Kreativitäts-Übungen, welche die Gruppe in einer emotionalen und konfliktfreien Atmosphäre zusammenbringt. Heinrich ist davon überzeugt, daß die Blockierung auf eine mangelnde Integration des Körperlichen und des Geistigen zurückzuführen ist. Für andere Forscher ist das Unbehagen am Plenum eher in Bezug zu den Konflikten zu sehen, die sich in Germerode aus den Über-Animation ergaben. Hinzu kommt, daß die in einigen Berichten enthaltene Analyse der konfliktbeladenen Modalitäten der Machtübernahme Betroffenheit auslöste. Das Team gibt in Chambon keine Strukturen mehr vor und macht damit die Konflikte im Plenum zu einem Tabu. Unter diesen Umständen kann sich auch keine institutionalisierte Macht der Teilnehmer entwickeln. Für Burkhard besteht das Tabu in der Macht des Teams, etwas „zu instituieren“, eine Macht, die alle leugnen und zu der es gleichzeitig keine Alternative gibt.

Während René, Burkhard und ich selbst es für notwendig halten, das Plenum weiterexistieren zu lassen, um das Unbehagen, das hier herrscht, zu erkunden, sieht Heinrich in dieser Position „eine gewisse Gewaltausübung“ auf die Teilnehmer, die einer „Falle“ (double bind) ausgesetzt seien: das Team gibt vor, die Macht an die Teilnehmer abzugeben, gleichzeitig verstärkt sich diese aber noch. Für René ist die Haltung von Heinrich in dem Sinne anti-hermeneutisch, als sie die kritische Untersuchung von gegebenen Situationen verhindert. Burkhard meint, daß Heinrich in der Reflexion ein zersetzendes, nicht gesamtheitliches Denken vermute, d.h. ein Denken, das aus einer uneinheitlichen Vorstellung von sich selbst, dem Anderen und der Umwelt in all ihren Dimensionen hervorgeht. Heinrich vertritt die Meinung, daß Burkhard und René deshalb am Plenum interessiert seien, weil es das Gebiet sei, wo die Teamer ihre Macht entfalten könnten, wo zu nichts führende Versuche abliefen, denen die Teilnehmer, die besseres zu tun hätten, sich nur widerwillig auslierferten. Die zweite Hypothese von Heinrich beruht auf der Idee, daß die Schwierigkeiten aus der Trennung des Bewußtseins im westlichen Denken entstehen, das nicht in der Lage sei, ganzheitlich die Bedürfnisse des Körpers, seine Wahrnehmungen und die Reflexion miteinander zu verbinden. Die Plenumssitzungen seien nach dieser Hypothese nur Beispiele für diesen intellektuellen Habitus, der den Menschen Problemlösungen aufzwingen wolle, statt Vertrauen dafür zu wekken, daß man, indem man Raum für die befreiten Bedürfnisse (des Körpers) anbietet, auch Raum für ein befreites Denken schafft.

Schließlich wird in einer dritten, ebenfalls von Heinrich entwickelten Hypothese angenommen, daß sich die Blockierung aus den Unterschieden ergibt, die zwischen den Forschern über die Konzeption und die Behandlung von Widerständen bestünden.

Im ersten Fall wird der Widerstand ausdrücklich unterstützt und verstanden als eine kreative Leistung, sich der Realität anzupassen; als Folge wird im Vorgehen jede Theorie und Interpretation abgelehnt (Position von Heinrich).

Im zweiten Fall versucht man eher, das Gleichgewicht zwischen „solidarischem Engagement“ und „kritischer Distanz“ aufrecht zu erhalten, indem man sich voll und ganz bewußt ist, unbequeme Erfahrungen zu verarbeiten.

Das erste Modell ist stärker im „Hier und Jetzt“, im Individuum und im Strom der Wahrnehmungen verankert als das zweite, das sich eher mit der Lebensgeschichte, mit der Geschichte der Gruppe sowie den objektiven (und imaginären) Machtverhältnissen beschäftigt.

Meine Meinung ist, das Unbehagen resultiere teilweise aus der Tatsache, daß das maskuline Element, das in den Animationsmodellen des Teams in Germerode dominierte, Schwierigkeiten habe, sich angesichts eines von den Teilnehmern vorgeschlagenen Wandels der Animation unterzuordnen.

Diese Hypothese ist eine Variante der „Spiegelei-Hypothese“, die von Marion (deutsche Teilnehmerin) aufgestellt wurde. Demnach gehen die Animationsteams häufig, wie auch in Germerode, von dem Prinzip aus, daß sie und ihre Teilnehmer das „Gelbe vom Ei“ seien und daß ihre Aufgabe gerade darin bestehe, viele oder sogar alle Teilnehmer dank der von ihnen aufgestellten Problematik anzuziehen und sie in einer aktiven Beziehung aufzufordern, selbst das Gelbe vom Ei zu werden. Im Gegensatz dazu sei das Treffen in Chambon der Beweis, daß eine Animation auch ganz anders ablaufen könne, d.h. durch die Teilnehmer, die sich nicht in den Mittelpunkt stellten und „das Weiße vom Ei“ blieben, um individuelle oder Gruppenaktivitäten zu entfalten. Dieses ist ein Modell, das das Nebeneinander und nicht das Gegeneinander unterstreicht, das Prinzip des Austausches als friedlich versteht und der Auseinandersetzung die Selbsterfahrung vorzieht.

Schließlich eine letzte Hypothese. Die Blockierungen seien das Ergebnis eines Staus: es werde zuviel produziert; die kleinen Anstöße setzen so viele Ideen oder Wünsche nach Aktivitäten frei, daß nicht alle realisiert werden könnten. Dadurch würden Unzufriedenheiten und ein gewises Chaos hervorgerufen. Die Frage nach der Einheit und der Trennung, nach dem Allgemeinen und dem Partikularen und darüber hinaus nach der Politik steht für mich im Mittelpunkt der Gruppe.

4) Beispiele für Konflikte und ihre Vermeidung

Wie schon gesagt, wurden in Germerode wichtige Konflikte um die Animationsmethoden und ihre Anwendung zwischen den Teammitgliedern gelebt.

Am zweiten Tag bildeten sich nachmittags Gruppen um Aktivitäten, die hier und da von den einen oder anderen vorgeschlagen wurden.

Die Vorstellungen von diesem halben Tag polarisieren sich um die Existenz von zwei Untergruppen, die – wie in einer Karikatur – durch ihre Aktivitäten konfliktuelle Unterschiede versinnbildlichten. Die erste Gruppe, die nur aus Deutschen bestand (die anfangs teilnehmenden Franzosen zogen sich zurück) wendete sich non-verbalen Bewegungsübungen mit Videoaufzeichnungen zu. Die zweite Gruppe, die sich ausschließlich aus Franzosen zusammensetzte, traf sich zur Diskussion eines theoretischen Textes über das soziale Imaginäre, den ich geschrieben hatte.

Obwohl die Gefühle und Meinungen der verschiedenen Teilnehmer in Bezug auf diesen Nachmittag sehr unterschiedlich sind, verbleiben davon doch feste kollektive Repräsentationen, die wie Stereotypen funktionieren:

- „die Deutschen“ sind auf den Körper bezogen, schließen sich gern zusammen und sind spielerisch veranlagt.
- „die Franzosen“ diskutieren gern, lieben das Theoretische, das Strukturierte.

Dieses sterotypierte und trennende Bild wird die gesamte Begegnung durchziehen und erst am vorletzten Tag thematisiert werden. Ein Unbehagen wird in der Gruppe spürbar: die Deutschen leiden darunter, als „Verkörperlichte" betrachtet, die Franzosen darunter, als „Verschulte" gesehen zu werden. Befürchtungen werden zum Ausdruck gebracht, die erkennen lassen, daß Unterschiede in der Vorstellung davon auch mit Verachtung und Ablehnung einhergehen können.

In Germerode (und später auch in den anderen Begegnungen) wird im Plenum immer die Bereitschaft bestehen, an einer auf der Gestalttherapie beruhenden Animation, die das Körperliche und Kreative einbezieht, teilzunehmen. Eine Zentrierung auf das sich-persönlich-Einbringen innerhalb der gesamten Gruppe (wo jeder dazu veranlaßt wird, sich die Frage zu stellen, was sich für ihn persönlich ereignet) versetzt die Gruppe in Harmonie. Diese Erkundung ist nicht konfliktbezogen und verschafft der Gruppe das Gefühl emotionaler Verschmelzung.

In meiner Interpretation, die dann auch von Burkhard und René geteilt wird, liegt die Vorliebe der Gesamtgruppe für die auf der Gestalttheorie beruhenden Übungen in einer Abwehr der Angst begründet, mit Unterschieden konfrontiert zu werden: Die Gruppe schützt sich davor, aus dieser Dimension emotionaler Verschmelzung herauszukommen, was genau die Frage nach den Unterschieden aufwerfen könnte und was als gefährlich angenommen wird. Jeder Versuch, Situationen des Auseinanderbrechens, hierarchisierte Haltungen, nationale Unterschiede, Machtkämpfe und stereotypierte Wahrnehmungen von Unterschieden zu erörtern, verursacht Ablehnung oder jedenfalls Unbehagen.

Die Überbetonung von harmonisierenden Elementen erscheint mir also als Angst vor einer zerstörerischen Teilung. Diese Furcht scheint mir zum Teil in dem „Spektakel" begründet, das die Teammitglieder der Gruppe in Germerode mit ihren sehr emotionalen und konfliktreichen Differenzen geboten haben. Von Chambon haben wir gesagt, daß das Plenum zum Ort des Unbehagens wird, wenn es darum geht, etwas anderes zu unternehmen, als eine Begegnung mit der Gestalttheorie. Die Interpretation von Florence besagt, daß das Unbehagen im Plenum nach der Erfahrung von Germerode immer noch mit der Angst vor einer zerstörerischen Auseinandersetzung zusammenhängt und daß die sehr zersplitterten Aktivitäten in kleinen Gruppen, deren Inhalte und Ansätze stark strukturiert sind, es ermöglichten, sich vor dieser Angst vor der Konfrontation zu schützen.

Für Burkhard ist die kollektive Repräsentation, welche die Gruppe in Chambon zum großen Teil unbewußt durchzieht, eine Art von Glauben an eine „unsichtbare Hand" oder ein „Glaube an die Mutter", d.h. daß die Gruppe mit dem stillschweigenden Postulat arbeitet, daß ein vorgegebener Rahmen existiere, der von Sinn erfüllt und in der Lage ist, alle Bedürfnisse zu befriedigen, und somit schließlich jede Anstrengung überflüssig macht, selbst einen derartigen Rahmen erst herzustellen. (S. Kap. II, I.4)

In Chambon arbeitet die Gruppe irgendwie aufgeteilt, ohne sich Fragen nach Übereinkünften, dem Programm für die Woche, die benutzten Konzepte zu stellen. Wenn diese Fragen doch gestellt werden, scheint der Kontext eigentlich überflüssig. Die Probleme seien bereits gelöst, und die Fragesteller werden als Organisations-Fetischisten betrachtet. Diese Interpretation beschreibt den Widerspruch, wonach die gesamte Gruppe sich einerseits durch ihre Abhängigkeitsgefühle gegenüber dem Team in ihren Fähigkeiten zur Selbst-Organisation behindert sieht, aber andererseits keine kollektive (formelle oder informelle) Struktur entwickelt, um unabhängig vom Forscherteam einen eigenen Rahmen zu organisieren. So entwickeln sich Beziehungen wie in einer Großfamilie, wo jedes der Kinder (die Teammitglieder als Individuen darin eingeschlossen) ihren jeweiligen Interessen und Aktivitäten in unterschiedlichen Untergruppen nachgehen. Gleichzeitig aber ist es nur möglich, sich ganz frei seinen selbst gewählten Aktivitäten hinzugeben, weil jeder denkt, daß „für das Ganze schon irgendwie gesorgt wird".

Diese Haltung kommt in frappierender Weise in der Diskussion um das Geld (für schriftliche Beiträge der Teilnehmer) zum Ausdruck. Einerseits stimmen die Teilnehmer bei ihrer Entscheidung, an der Produktion der Forschungsergebnisse teilzunehmen, mit dem Standpunkt des Teams in dieser Frage überein. Andererseits gibt es aber praktisch auch keine Proteste, als das Team dieses Vorhaben, angesichts der Kontrollmechanismenn des DFJW bezüglich der Bezahlung der Forschungsarbeiten neu definiert. Niemand stellte die Frage, wer das Geld nach welchen Kriterien verteilen solle, wer wem Rechenschaft ablegen müsse, damit diese Bedingungen erfüllt werden können. Niemand dachte daran, Vertreter der Teilnehmer zu bestimmen. Während die Mitglieder des Teams sich darüber einig waren, ihre Evaluationskriterien für die Forschung auf die Beiträge der Teilnehmer auszudehnen, bildet sich auf seiten der Teilnehmer kein Gegengewicht, gibt es keine eigenen Vorschläge.

Auch hier wird spürbar, daß „der Kontext dem Inhalt eine Form gibt": die Umgebung der Ferienlandschaft, das gute Essen, die Freizeitangebote und Möglichkeiten, sich zurückzuziehen, die zahlreichen kleinen Gruppen, an denen man teilnehmen konnte, „um erst einmal zu sehen". Kurz, für die Teilnehmer wurde so „gut vorbereitet und gut organisiert" Sorge getragen, ob nun bewußt so wahrgenommen oder nicht (eine Situation, wie man sie auch bei jeder Begegnung von Jugendlichen kennt). Die Frage, was man von den anderen und mit den anderen wollte, und die Klärung der Bedeutung unseres Projektes in einer multidimensionalen Perspektive internationaler/interkultureller Kenntnis und Verständigung erschien so eher zweitrangig oder jeden Sinn entbehrend.

Die Annahme, daß die Gruppe an eine „große-Mutter des Rahmens" („mère-cadre") glaubt, die in der Lage sei, ohne weiteres alle Bedürfnisse zu befriedigen, verbindet sich mit der Hypothese über eine unbewußte Repräsentation der als destruktiv gelebten Gegensätze. Es kann gesagt werden, daß die Mitglieder der Gruppe (die Forscher eingeschlossen) auf die Bedrohung durch einen Bruderzwist mit einer Regression auf eine frühere, archaische „Erfahrung" reagieren: im Schutz „des Bauchs der Mutter" zu sein. Ausgehend von dieser Interpretation kann das Körperliche, das von allen, wie wir gesehen haben, als gute Stätte für das Plenum verstanden wird, wo sich die konfliktfreie Einheit und die emotionale Verschmelzung realisiert, als eben jener Raum betrachtet werden, in dem man Zuflucht sucht, sobald auf der Gruppe eine Bedrohung durch einen Konflikt lastet.

Doch die Dynamik der Gruppe entwickelt sich weiter: die erste Zusammenkunft in Freiburg wird geprägt durch die Arbeit mit einer Ausdrucksübung aus der Gestalttherapie, die aber die Teilnehmer der Gruppe nicht ganz befriedigt.

Die Übung, die von Heinrich vorgeschlagen wird, besteht darin, daß jeder durch eine körperliche Bewegung konkret darstellt, was er im Lauf des vorangegangenen Jahres erlebt hat. Die einzelnen Mitglieder der Gruppe greifen der Reihe nach die Bewegung auf, die von einem Teilnehmer ausgeführt wurde. Die Übung weicht aber schnell von den ursprünglichen Regeln ab. Die Gruppenmitglieder stellen sich jeder auf seine Art jedem Teilnehmer der Gruppe vor. Die Mehrheit bringt am Ende der Übung ihren Überdruß über diese als langwierig und langweilig empfundene Vorstellung zum Ausdruck. Gleichzeitig erkennt sich die Gruppe in dem, was sie erlebt. Das Interesse der Gruppe liegt nach Burkhard während der Übung und während der späteren Diskussion darin, Banalität zu vermeiden, ohne die Übung „platzen" zu lassen: die Furcht davor, destruktiv zu sein, ist stärker als die, unproduktiv zu sein. Für mich hat sich das Plenum in einem Ritual eingerichtet, das von der Gruppe sehr emotional als ein warmherziger Moment gelebt wird: die Zeit des Sich-Wiederfindens am Anfang jeder Begegnung. Indem dieser Augenblick, der von einer emotionalen Unmittelbarkeit ist, ritualisiert wird, versucht die Gruppe, das Gemeinschaftsgefühl andauern zu lassen, und macht deutlich, daß ihre Angst vor einer anderen Entwicklung zunimmt. Dennoch wird über das Unbehagen im Plenum gesprochen, man beginnt sich für das Warum und Wie der Blockierungen zu interessieren.

Für mich ist die Hemmung mit der Verdrängung von Konflikten in der Gruppe und mit der Angst vor Konflikten zwischen den beiden Nationen verbunden, mit der Verdrängung der Geschichte, die im deutsch-französischen Austausch präsent ist.

Zwei Ereignisse kennzeichnen die Begegnung in Freiburg, sie sind Anlaß für eine Konfrontation im Plenum im Hinblick auf Fragen des Krieges und des Nazismus.

Das erste ist der Besuch bei Mitgliedern der legendären Bürgerinitiative von Whyl und die Vorstellungen und Phantasmen, die über diese Begegnung zum Ausdruck kamen.

Das zweite ist die Initiative von René, der in der Arbeitsgruppe „Lebensgeschichte", die den Erfahrungen eines jeden mit dem letzten Krieg gewidmet ist, ein „Geschenk" anbietet: ein Blatt Papier, auf dem ein Hakenkreuz gemalt ist (s.u.).

Wir kommen auf die Analyse dieser Ereignisse in dem folgenden Teil zurück, der der interkulturellen Konfrontation gewidmet ist. Halten wir hier nur fest, daß die von mir vorgenommene Analyse der Phantasmen der Gruppe um den Nazismus wie auch die Aktion von René im Plenum als eine kaum zu akzeptierende Aggression erlebt und Auslöser für eine wichtige Auseinandersetzung innerhalb der gesamten Gruppe werden. Die Deutschen sind insgesamt aufgebracht. Die Franzosen und die beiden jüdischen Teilnehmer teilen diese Entrüstung nicht. Ich versuche aufzuzeigen, daß das, was sich da enthüllt, in der Gruppe existent ist und daß es wichtig für die Gruppe ist, diese Realität zu berücksichtigen, ohne ein Werturteil zu fällen. René verteidigt seinen Beitrag, indem er auf die offensichtliche Verbindung zwischen Bildung und Symbol verweist: das Symbol sei sozial bestimmt, also sei es auch notwendig zu sehen, wie es entschlüsselt wird. Dazu müsse man die Emotionen hochkommen lassen und anschließend über die hervorgerufenen Reaktionen nachdenken. Dieses sei die Bedingung für die Zurückeroberung des Symbolischen.

Die Interpretation von Heinrich ist auf einer anderen Ebene angesiedelt. Er unterscheidet zwischen den theoretischen Konzepten des kollektiven Imaginären und den konkreten prägenden Ereignissen in unserer Geschichte. Wenn wir theoretische Konzepte benutzen, dürfen wir sie nicht mit dem verwechseln, was sie offenlegen sollen: die Prägungen der Geschichte in uns, die hervorkommen müssen, damit man sich davon befreien kann.

Der Beitrag von René erscheint ihm eher geeignet, die Menschen zurückzuwerfen, als ihnen zu erlauben, über sich selbst hinauszuwachsen.

In der Interpretation von Burkhard, der einerseits die Entrüstung der Deutschen versteht, aber zugleich sehr empfänglich ist für die in der Gruppe imaginär gelebte Dimension, kommt dem Thema des Faschismus in erster Linie die Rolle zu, die Erfahrung der Andersartigkeit, der grundsätzlichen Verständnislosigkeit zu verarbeiten. Auf einer anderen Ebene existiert ein Mißverhältnis zwischen dem Wunsch, sich intensiv mit den anderen auszutauschen, mit ihnen ihr Leben zu teilen, an ihrem Leben teilzunehmen, und der Erfahrung, daß dieser Wunsch nur begrenzt realisierbar ist, daß er in der Unvollkommenheit und in der Unvollständigkeit steckenbleiben muß.

Um diesen Teil der Ausführungen abzuschließen, sei noch gesagt, daß neben den Unterschieden zwischen den Forschern in ihren konzeptuellen Positionen und in der Haltung zur Animation in wichtigen Gebieten Einverständnis existiert hat, daß es Orte gab, an denen eine Begegnung in der Überfülle von Vorschlägen der einen und anderen (Teammitglieder oder Teilnehmer) möglich war, ob sie nun sorgfältig vorbereitet oder improvisiert waren. Die intensive Beteiligung der verschiedenen Gruppenmitglieder hat es erlaubt, daß sich Situationen entwickelten, die reich an Bedeutung waren und die es ermöglichten, zu einem besseren Verständnis von Gruppenphänomenen und der Interaktionen zwischen Team und gesamter Gruppe zu gelangen.

IV. Die interkulturelle Konfrontation und kollektive imaginäre Bedeutungen

Florence Giust-Desprairies

Wir haben im vorhergehenden Teil gesehen, daß jeder Versuch, im Plenum Situationen des Auseinanderbrechens, hierarchisierte Funktionen, Machtkämpfe, nationale Unterschiede und stereotypierte Wahrnehmungen dieser Unterschiede zu erörtern, ein Unbehagen und oft sogar eine Ablehnung hervorrief. Wir haben als Erklärung vorgeschlagen, daß der verstärkte Wunsch nach Zusammenhalt, der durch die Vorliebe für Übungen aus der Gestalttherapie gekennzeichnet war, und die fortschreitende Abwertung stärker institutionalisierter Aktivitäten auf eine Abwehr der Trennungsangst zurückzuführen sei, die in der Vorstellung als destruktiv empfunden wurde.

Diese Angst scheint uns bei der Begegnung in Germerode Gestalt angenommen zu haben, wo die Teammitglieder eine ungleichmäßige Zusammenarbeit und einen sehr konfliktreichen Umgang mit ihren Unterschieden offenbart haben.

In diesem Teil möchten wir eine Analyse einiger unbewußter, für die nationalen Unterschiede bedeutender Elemente vorschlagen, die uns im emotionalen Leben der Forschergruppe als bestimmend erschienen und die ein Verständnis der inneren Dynamik dieser Gruppe erlauben.

Während der vier Jahre des Forschungszyklus hat sich das Animationsteam regelmäßig getroffen, um die Begegnungen vorzubereiten, eine Analyse der vorangegangenen Begegnungen vorzunehmen und seine Ziele immer neu abzustecken. Nun haben diese Zusammenkünfte immer wieder nicht-reduzierbare Unvereinbarkeiten zwischen den Teammitgliedern offenbart, die es ihnen nicht erlaubten, einen minimalen gemeinsamen Nenner zu finden. Wir haben gesagt, daß uns diese Situation, deren „instituierendes Potential" emotional gelebt wurde, als Forschungsgegenstand interessierte: als Aspekt der Frage, was es heißt, sich in einem interkulturellen Kontext zu bilden. Vergessen wir nicht, daß gewöhnlich bei den internationalen Austauschprogrammen alles getan wird – vor allem von den Verantwortlichen der Institutionen –, damit die Begegnungen zu einem „Erfolg" in dem Sinne werden, den ihnen Diplomaten verleihen, denen es darum geht, nur das freundliche Gesicht der

Beziehungen zu zeigen. Leider verbergen sich in plurikulturellen Situationen hinter den lächelnden Gesichtern dieser Art nur zu häufig auch Grimassen, die vorübergehend verschleiert werden. In bestimmten Fällen, wenn sich das Hervorkommen eines Konfliktes als „nicht vermeidbar“ erweist, werden auch nur die als „konstruktiv“ bewerteten Facetten toleriert.

Über dieses Interesse hinaus geht es uns darum, heute die Auswirkungen dieser nicht reduzierbaren (mehr oder weniger dauerhaften, mehr oder weniger überwindbaren) Unvereinbarkeiten und deren Bedeutungen in der Forschung zu analysieren. Die Schwierigkeit[3] liegt darin, eine gemeinsame Sprache („langage“) zu finden, gemeinsame Repräsentationen zwischen Personen, die jenseits der offensichtlichen „Freundschaft“ letztlich unterschiedliche kulturelle Identitäten haben. Die Fremdartigkeit des Anderen, sein Anderssein ist real und kommt zu gewissen Momenten in seinen Reaktionen und seinen Haltungen stark zum Ausdruck, was das Animationsteam insgesamt verwirrt, es fassungslos, ohne Orientierung läßt. Dabei wiederholte sich regelmäßig ein Konflikt, sobald sich die Frage nach den Garantien stellte, die man sich gegenseitig in der gemeinsamen Animation der Forschungsgruppe geben sollte. Jedesmal schienen die anwesenden Personen ein fundamentales Nicht-Verstehen ihrer Bitten und Forderungen zu erleben. Bei der Zusammenkunft in Köln[4] tauchte der Konflikt erneut auf. Seine Wiederholung erlaubt es uns, ihn als symptomatisch zu betrachten, als einen Knoten im Imaginären der Forschergruppe. Nochmals, der Konflikt deckte gleichwohl eine jedesmal einzigartige Konfiguration auf. Ich möchte hier einige Bestandteile befragen, die sich im Laufe dieses Treffens zeigten und die es erlauben, den Sinngehalt dieses Konfliktes offenzulegen.

Ohne die gesamte Diskussion aufnehmen zu wollen, stellen wir fest, daß der Konflikt (wie auch bei den anderen Malen) genau in dem Moment entsteht, in dem ein Animateur (in diesem Fall René) die anderen darum bittet, ihm Garantien darüber zu geben, daß sie ihn beim nächsten Treffen der Forschungsgruppe Aktivitäten seiner Wahl realisieren lassen. Sehr schnell stellt sich eine solche Vereinbarung als unmöglich heraus. Der Konflikt entwickelt sich zwischen René und Heinrich. René sagt schließlich: „Wenn das so ist, ist das für mich eine Kriegserklärung.“ Heinrich erträgt dies nicht, zieht sich sehr betroffen von der Zusammenkunft zurück und verschiebt seine Entscheidung, ob er noch weiter an dem Forschungszyklus teilnimmt, auf den folgenden Tag.

---

3 Auch wenn sie nicht systematisch in einer Spaltung zwischen Deutschen auf der einen und Franzosen auf der anderen Seite zum Ausdruck kam.

4 Es handelte sich um ein Treffen nur der Animateure zwischen zwei Begegnungen.

Was ist geschehen?

Auf der einen Seite die Bitte um einen „Vertrag", der von dem Bittsteller als Minimalvertrag betrachtet wird. Auf der anderen Seite das Gefühl (so erschien es), daß hier eine Bitte geäußert wird, auf die man unmöglich eingehen kann, ohne wesentliche Positionen aufzugeben. Auf der einen Seite die Aufwertung des Konsensus'; auf der anderen Seite die Ablehnung der Idee des Konsensus' selbst.

Grundlegende Gegensätzlichkeiten auch in der Art, den Konflikt zu leben. Auf der einen Seite das Gefühl, daß ein Durchstehen dieser konfliktbeladenen Spannung eine tiefergehende Problemlösung erlauben würde: der Konflikt gelebt als Träger einer Dynamik. Auf der anderen Seite die Empfindung von Leid, der Eindruck, daß nur die Dimension der reinen Destruktion, das Negative von dem Konflikt zurückbleibt. Ich stelle die Hypothese auf, daß wir im Begriff waren, uns mit diesem Konflikt ein kulturelles Rollenspiel vorzuspielen. Zur Erklärung: im Zentrum des Konflikts stand die Frage, ob es möglich sei oder nicht, sich gemeinsame Spielregeln zu geben. Wir stoßen uns genau an dieser Stelle, und das Wort, das als Höhepunkt des Konfliktes erscheint, ist das Wort „Krieg", was die Gefahr eines Bruchs in der Zusammenarbeit nach sich zieht. Wir befinden uns da anscheinend in einem imaginären Szenario, das als Wiederkehr dessen auftaucht, was wir bei unserem gemeinsamen Unternehmen offenkundig geleugnet haben: die interkulturelle Begegnung als Reinszenierung von Geschichte. Unter Wiederkehr dessen, was wir geleugnet haben, verstehe ich die verschütteten, aber existierenden Repräsentationen, die unter bestimmten Bedingungen wieder hervorzutreten versuchen. Denn in unserem Denken setzen wir, ohne es zu wissen, Elemente des nationalen, sozialen Imaginären in Szene, vor allem jene Vorstellungen, die sich im Lauf der letzten Kriege herausgebildet haben. Doch der deutsch-französische Konflikt, auch wenn er heute als obsolet erscheint und gegen den Strom bewußter Absichten sowie der ideologischen Diskurse verläuft, bleibt weiterhin auf einem weniger bewußten Niveau des kollektiven Gedächtnisses wirksam.

Das Konfliktpotential erscheint als um so schwerwiegender, als es in der überragenden Mehrheit der deutsch-französischen Beziehungen geleugnet wird. Dies erklärt sich durch die Tatsache, daß das DFJW, das in der symbolischen Aussöhnung etabliert ist, auf der Basis einer Vorstellungswelt errichtet wurde, in der notgedrungen die Berücksichtigung und die Behandlungen von Konflikten ausgeklammert werden muß.[5]

Doch an der Beziehung, die jeder zu seiner Sprache unterhält, an der Art, wie die einen und anderen mit der emotionalen Besetzung der Worte umge-

5 Hierzu gehören Äußerungen, wie z.B. „die Jugend von heute hat mit solchen rückständigen Vorstellungen nichts mehr zu tun".

hen, kann man aufzeigen, daß Deutsche und Franzosen trotz der fast allgemein verbreiteten Annahme, die Nachkriegsgenerationen seien nicht mehr den nationalen Vorstellungswelten verbunden, bei ihren Begegnungen immer noch von ihren jeweiligen nationalen Zugehörigkeiten durchdrungen sind.

Durchdrungen von einer unsichtbaren Dimension, den historischen Streitigkeiten, bringen die Teamer einen Konflikt zum Ausdruck, der jenseits der aktuell gelebten Situation angesiedelt ist[6].

Meine Hypothese lautet also, daß sich die Forschergruppe teilweise um die Angst vor, aber auch um den Wunsch nach der eigenen Zerstörung organisiert und daß sich diese unbewußte Problematik wie eine Aufforderung an die Gruppe auswirkt, sich um bestimmte „Fahnen" zu scharen.

Mit dieser Hypothese kann man die erlebten oder vermuteten Spannungen, Befürchtungen und Leiden im Plenum besser verstehen. Denn das, was in der gesamten Gruppe befürchtet und ausgeschlossen wird, ist immer mehr die Idee selbst, sich einer kollektiven Auseinandersetzung stellen zu müssen. Die kollektive Struktur ängstigt, weil die Konfrontation in der Gruppe als Gruppe in ihrem Imaginären als unausweichlich destruktiv empfunden wird.

Zur Erklärung: Deutsch-französische Begegnungen beruhen gewöhnlich auf einer abgestimmten Animation, deren Programme vorher aufgestellt werden und die sich im allgemeinen an den spezifischen Interessen nationaler Veranstalter orientieren. Die Teilnehmer melden sich für diese Programme und ihren vorab relativ gut strukturierten Ablauf an. Die vorherbestimmte und zur Schau getragene Einheit des Animationsteams verbietet meist das Hervorbrechen von Konfliktsituationen, die aber, auch wenn sie nicht an der Oberfläche erscheinen, doch vorhanden sind. Unsere Entscheidung, eine auf die gegebenen Situationen angepaßte Animation zu wählen, hat es uns ermöglicht, verborgene Dimensionen zu erkunden und zu verstehen, die in der Dynamik jeder deutsch-französischen Gruppe existieren, vor allem die Bedeutungen jener Repräsentationen, die an die Angst vor Aggressivität und ihren Konsequenzen rührten.

Im Verlauf der ersten Plenumssitzung in Chambon (die Begegnung, die dem Treffen in Köln folgte) wohnten wir einer angespannten Sitzung bei, während derer die Gruppe von dem spricht, was sie beunruhigt: die Trennung und der Verlust.

---

6 Es sei darauf hingewissen, daß unsichtbare Dimensionen, historische Streitigkeiten, deren Träger Individuen und Gruppen sind, nicht nur bei deutsch-französischen Begegnungen wirksam werden. Sie durchdringen alle Beziehungen, in denen sich Personen und Gruppen gegenüberstehen, die einem Milieu oder einer Bevölkerungsgruppe angehören, die in der Vergangenheit Konflikte miteinander gelebt haben. Sie sind konstituierende Bestandteile individueller und kollektiver Identität, selbst wenn die Spuren der Vergangenheit in ihrer Intensität und Gegenwärtigkeit bei den Angehörigen einer selben Kultur sehr unterschiedlich sein können.

Ein keinen Widerspruch duldender Beitrag eines Teammitgliedes (Isis) wirkte wie ein Verbot für die Gruppe, weiter die Richtung einzuhalten, in der sich die Dynamik entwickelte. Als Teammitglied, das direkt an der das Team beschäftigenden Problematik des Imaginären teilhatte, bedeutete Isis damit der gesamten Gruppe, daß sie sich auf einer gefährlichen Bahn bewege (auf jeden Fall bedrohlich für ein Teammitglied).

„Die kleinen Gruppen funktionieren besser", sagt Isis, „weil die Teilnehmer selbst sie (mit)gestalten." Andere denken dasselbe. Die Spaltung war somit bestätigt zwischen den guten, konstruktiven und heilbringenden kleinen Gruppen und dem Plenum als Träger von Destruktivität.

In diesem Kontext, in dem das Wort, die Reflexion, die Analyse, die Theorie in der großen Gruppe eine Konfrontation darstellt, die, wie wir gesehen haben, im Imaginären als belastend empfunden und mit Destruktivität verbunden wird, erscheinen Körperübungen und auf Poesie bezogene Begegnungen als Raum, in dem die Einheit der gesamten Gruppe wieder hergestellt werden kann, in dem Harmonie möglich wird.

Worte wie „Sag es mit Blumen" tauchten auf, ein Ausdruck der im Französischen bedeutet, daß eine Botschaft, die durch den Zündstoff, den sie enthält, nicht vermittelbar wäre, mit Hilfe von Blumen übermittelt werden kann.

Im Licht dieser Analyse erschien uns das Auseinanderbrechen der Forschungsgruppe in kleine Animationsgruppen in Chambon als Errichtung einer Verteidigungsstrategie zum Schutz vor einem Risiko: Von unserem Standpunkt aus, also dem der unbewußten Repräsentationen und der imaginären Ebene, kann gesagt werden, daß die Teilnehmer auf die Aufforderungen des Teams, sich vor der unausweichlich destruktiven Dimension unserer gemeinsamen Zusammentreffen zu schützen, darauf mit konstruktiven Projekten in kleinen Gruppen antworten, die von den Teilnehmern selbst gestaltet werden. Um nicht mißverstanden zu werden: es soll hier nicht behauptet werden, daß das Anliegen des Teams darin bestand, den Ausbruch eines Konfliktes zu fördern, sondern es galt aufzuzeigen, was unbewußt dabei auf dem Spiel steht.

In Freiburg stand wieder die Frage nach den Tabus über die Vergangenheit und über den Krieg im Vordergrund, vor allem aufgrund meines Vorschlages, sich (ausgehend von der o.a. und in einem Zwischenbericht dargelegten Analyse) über die Verdrängung der Konflikte in der Gruppe zu befragen, die in Beziehung zur Verdrängung der Geschichte und zum Kriegstabu stehen. Parallel dazu orientierte sich die Arbeitsgruppe „Lebensgeschichten" hin zum Interesse an der nationalen Frage in Deutschland und in Frankreich. Die Teilnehmer dieser Gruppe versuchten, sich an Momente zu erinnern, wo sie mit der deutsch-französischen Geschichte konfrontiert waren. Diese Vorgehensweise gab Anlaß zu langen autobiographischen Erzählungen, die sich als sehr fruchtbar für das Verständnis zwischen den beiden Ländern erwiesen. Man konnte besonders in den kulturellen Unterschieden zwischen Deutschen und

Franzosen die heute noch sehr lebendige prägende Wirkung des Nazismus im sozialen Imaginären feststellen. Diese prägende Wirkung variiert je nach Alter. In Deutschland scheint die Generation der 20- bis 30-jährigen die Frage nach dem Nazismus zumindestens teilweise immer noch zu verdrängen. Ihre Eltern, die meist nach dem Krieg geboren sind, haben die Schuld ihrer eigenen Eltern getragen, die direkt am deutsch-französischen Krieg beteiligt waren. Sie sprachen meistens niemals von dieser Zeit, und ihre Kinder müßten sich dementsprechend die Informationen erkämpfen.

Auf der französischen Seite haben wir, die Menschen der Generation der 40- bis 50-jährigen, uns oft in dem heroischen Wort „Widerstand" (Résistance) wiedergefunden, das um so mehr die reale Gleichgültigkeit vieler französischer Familien gegenüber dem Unglück der anderen (Juden, Zigeuner, politische Internierte) verschleierte. Die gelaufenen Prozesse gegen ehemalige Kriegsverbrecher unterstreichen, daß es in Frankreich sehr schwierig ist, eine nuanciertere Wahrheit über das angenommene Heldentum unserer Landsleute während der Besatzungszeit zu akzeptieren. Sich auf die Erfahrung seines Besuches im Konzentrationslager Buchenwald und auf den Film „Die Spaziergängerin von Sans-Souci" berufend, erinnerte René in dieser Gruppe übrigens daran, daß vor Kriegsbeginn zuerst Deutsche, oft Kommunisten, deportiert worden sind. Der Film „Shoah" zeige ebenfalls sehr deutlich, wie Angehörige der katholischen Kirche in Polen dic Judendeportationen mit einer gewissen Gelassenheit aufnahmen, was sich teilweise durch die Klassenkämpfe in diesem Land und durch die Besonderheiten des polnischen Katholizismus erklären läßt.

Marion, eine deutsche Teilnehmerin, zeigt anhand von eigenen Erfahrungen, wie stark die negativen Repräsentationen auf seiten einiger Franzosen, die offensichtlich Sympathien für Deutschland zeigen, immer noch präsent sind. Die Französin Jacqueline, Deutschlehrerin, kann diese „Vorstellungen in den Köpfen" ihrer Schüler nur bestätigen, für die das Wort „deutsch" fast immer mit Hitler, Krieg, Nazi, Disziplin verbunden ist. Andere sehen in der Karikatur des deutschen Soldaten in den Filmkomödien eine Verdrängung der französischen Niederlage vor den deutschen Armeen von 1940. Pierre, dessen jüdische Großeltern während des Krieges gestorben sind, erwähnt den Schock, in den er seine Eltern versetzt hat, als er in seiner Jugend die Heirat mit einer Deutschen nicht ausschloß. René fragt sich, ob sein Widerstand, Deutsch zu lernen, obwohl er die Grundlagen auf dem Gymansium gelernt hat und seit 15 Jahren mit dem DFJW zusammenarbeitet, vielleicht darauf zurückführen ist, daß seine Familie sich sehr stark und mit sehr schmerzhaften Erfahrungen in der Résistance engagiert hat.

Es wurde schon gesagt, daß die Gruppe einer Bürgerinitiative in Whyl einen Besuch abstattete, die gegen die Verschmutzung des Rheins und seiner Umgebung durch ein Atomkraftwerk und ein Wasserwerk auf französischer Seite kämpfte. Neben dem offensichtlichen Interesse aller an der weit zurückliegenden historischen Dimension der Kämpfe[7], von denen berichtet wurde, kommen andere Aspekte ins Spiel, die sich verstärkt auf die Problematik der Forschungsgruppe beziehen. Angesichts der von den Rhein-Ökologisten gegebenen Erklärungen werden die Franzosen sehr empfindlich für das, was ihrer Meinung nach den Akzent auf die „Schuld" legt, die den Franzosen aufgrund des Versailler Vertrages an der Umweltzerstörung in dieser Gegend Deutschlands zukommt.

Es ist schwierig zu entscheiden, ob die Ökologisten bewußt der französischen Verantwortung besonderen Nachdruck verliehen oder ob die Franzosen diese Information überbewertet haben. Jedenfalls wurde den Phantasmen freier Lauf gelassen. Während unsere Gastgeberin hinter einem Vorhang ihr Messer schärft, um einen zu unseren Ehren vorbereiteten Kuchen anzuschneiden, machen einige Franzosen bissige Bemerkungen: „Paßt auf, jetzt geht es uns an den Kragen." Zu diesem Zeitpunkt drehte sich die Diskussion genau um die französische Verantwortung für die Rheinverschmutzung. Diese Reaktionen und Phantasmen werden am nächsten Tag im Plenum wiedergegeben; ich füge noch andere Vorstellungen hinzu, die um polemische Reaktualisierungen kreisen, wie um jene Versammlung etwa 50-jähriger deutscher Männer in dunklen Anzügen (wir waren im Kolpinghaus). Als sich die Tür zu dem Versammlungssaal öffnete, lachten einige Franzosen laut heraus: „Vorsicht, das ist eine Versammlung alter Nazis."

Das Wieder-Hineintragen dieser verschiedenen Beobachtungen ins Plenum kam sehr schlecht an. Ich hatte wirklich das Gefühl, ein mächtiges Verbot in der Gruppe zu übertreten, indem ich Feindesvorstellungen hervorhob, die gerade um den Krieg und seine Konsequenzen kreisen. Analysen dieser Art werden schwer ertragen.[8] Deutsche brachten dies eindringlich in Reaktionen zum Ausdruck, die zumeist moralischer Art waren; sie wurden verstärkt durch das „Geschenk", das René in der Gruppe „Lebensgeschichten" verteilt hatte.[9] Zum ersten Mal erlebten wir eine heftige deutsch-französische

---

7 Die Geschichte des Flusses, der das Leben der Anlieger bestimmt: seine Regulierung seit dem Beginn des 19. Jahrhunderts, die zunächst als Wohltat empfunden wurde, aber, wie jemand aus der Bürgerinitiative sagte: „Wenn der Mensch beginnt, in die Natur einzugreifen, kann er nicht mehr aufhören." Die Geschichte der Kanalisation des Oberrheins ist ebenso interessant: zunächst deutsche Pläne für einen Kanal im deutschen Elsaß; schließlich fingen die Franzosen auf der Grundlage des Versailler Vertrages an zu bauen, den Deutschen blieb nur ein knapp bemessener Teil des vom Rhein geführten Wassers; der Bau wird nach dem Zweiten Weltkrieg beendet; auf deutscher Seite sind die Seitenkanäle gesperrt, was die Gegend südlich des Kaiserstuhls austrocknet; letztendlich sieht der deutsch-französische Vertrag von Versailles aus dem Jahre 1954 vor, daß das Wasser des Oberrheins geteilt wird.

8 „Ich habe Schwierigkeiten, all diese Phantasmen zu ertragen, die hier immer noch existieren", sagt Charlette, Französin und verheiratet mit Heinrich.

9 René stellt sein Setting vor: „Ich habe das Gefühl, daß wir am Ende der Arbeitsgruppe „Lebensgeschichten" in gewisser Weise im Vagen bleiben. Haben wir unsere „Verstrickungen ausgebreitet", und dabei das Wesentliche verschleiert? Sind wir wirklich so scharfsinnig

Auseinandersetzung. Fast alle Deutschen (und Charlette) meldeten sich zu Wort, brachten ihre Empörung darüber zum Ausdruck, daß ein solches Symbol als Methode (dispositif) eingesetzt werden kann: sie messen ihm nur wenig Wert bei, höchstens als Provokation.

Es ist bemerkenswert, daß genau in diesem Augenblick der Konfrontation kein Unterschied gemacht wird, zwischen der Einführung einer Methode (von René benutzte) und einer äußeren politischen Realität (wie z.B. die Erzählungen einiger über erlebte Gewalttätigkeiten im Zusammenhang mit dem Hakenkreuz oder jüdischen Symbolen).

Der Konflikt findet auf der interkulturellen und internationalen Szene genau dort statt, wo sich die Sensibilitäten jedes einzelnen für die Frage nach dem Wieder-aufleben der Erinnerungen an den Krieg und den damit verbundenen Leiden überkreuzen. Wut tritt auf und diese wird besonders in Bezug auf den Faschismus ausgedrückt, selbst wenn diese Wut eine gewisse Verdrängung erfährt, die mit der Angst verbunden ist, daß es in der Gruppe später noch schlechter laufen könne.

Wenn man sich auf die sehr deutlichen Unterschiede zwischen Deutschen und Franzosen bezieht, so scheint es, wie bereits beschrieben, als habe das Thema des Faschismus die Funktion, die Erfahrung der Fremdartigkeit und des grundlegenden Nicht-Verstehens zu kanalisieren.

Zur Erklärung: Der sichtbarste Unterschied zwischen Deutschen und Franzosen während dieser Konfrontation war folgender:

- auf deutscher Seite insgesamt eine Reaktion mit stark moralisierendem Beiklang. Das Hakenkreuz wird als extremes Symbol eines versteckten Vorwurfs betrachtet: „Ihr gehört nicht zu den Guten."
  Die Position einiger Franzosen, die darin nur ein Mittel sahen, die mit dem Symbol verbundenen Gefühle zu verdeutlichen, kann von den Deutschen nicht gehört und noch weniger zugelassen werden. Sie projizieren

---

und relativ „ungebunden" hinsichtlich des soziologischen Gewichtes unserer unausweichlich nationalen Repräsentationen?
Ich versuche also, eine Methode zu improvisieren, um diesen Zustand augenscheinlicher „Nicht-Bindung" sichtbar zu machen. Ich beziehe mich auf die Weisheit von Arnaud Desjardins und seines Meisters Prajnanpad, nach denen wir die Figur des „Bösen" ebensosehr lieben müssen wie die Figur des „Guten". Ist das nicht auch ein Wort aus dem Evangelium?
Ich schneide kleine Papierstücke zurecht, auf denen ich eine symbolische Figur zeichne, für alle dieselbe. Dann sage ich der Gruppe, daß ich jedem von ihnen ein Geschenk machen werde und daß jeder sofort mit „seinem Geschenk" machen könne, was er wolle. Ich gebe jedem Mitglied der Arbeitsgruppe „Lebensgeschichten" ein Stück Papier. Auf jedem befindet sich, immer in der gleichen Weise gezeichnet, eine symbolische Figur, die das Hakenkreuz darstellt. Einige zerknüllen das Papier und werfen es in die Mitte des Raumes oder auf mich. Andere legen es nur einfach neben sich. Ein anderer zerreißt es wütend. Charlette kommt auf mich zu und klebt es mir auf die Stirn. Daraufhin gehen wir auseinander, nachdem wir noch kurz einige Worte gewechselt haben."

auch das Klischee des boshaften Forschers, der begierig nach Wissen, aber ebenso unmoralisch ist und auch nicht vor Experimenten am Menschen zurückschreckt. Die Assoziation mit den Forschern in Konzentrationslagern wurde nicht ausgesprochen, stand aber im Raum.

- auf französischer Seite ist man mehrheitlich der Meinung, daß es ein Wert an sich sei, Unterschiede, unechte Gefühle oder verdrängte Tendenzen wahrzunehmen. Es komme darauf an, unsere Wahrnehmungsfähigkeiten zu erweitern, selbst wenn wir dadurch die Welt nicht verbessern können. Diese Botschaft konnte gerade wegen des Hakenkreuz-Symbols von den Deutschen nicht aufgenommen, viel weniger angenommen werden.
  Zum Schluß sei noch gesagt, daß der Ausdruck von Wut, die Enthüllung von in vorhergehenden deutsch-französischen Begegnungen verdrängten Gefühlen und Repräsentationen im Plenum bei der gesamten Gruppe Erleichterung ausgelöst hat. Tatsächlich war auffallend, daß nach diesem „psychodramatischen" Nachmittag beim Abendessen eine allgemeine euphorische Stimmung, ein echtes Einverständnis und spontane Interaktionen zwischen Deutschen und Franzosen festzustellen waren.

Man kann annehmen, daß der Ausbruch des Verdrängten es der Gruppe erlaubt hat, die Grenzen der möglichen interkulturellen Kommunikation zu ermessen (und zu akzeptieren?) und sich über die Phantasmen der Zerstörung hinwegzusetzen.

Im offenen Konflikt hat die interkulturelle Gruppe die Erfahrung gemacht, daß ihre zum Ausdruck gebrachte Wut keine Zerstörungskraft hatte und daß die Gruppe anschließend in einer möglichen Kommunikation fortbestehen konnte. Ein Ereignis im Verlauf dieses Abends verdient unsere Aufmerksamkeit. Während der Mahlzeit verabreden sich die Teilnehmer heimlich, durch Mund-zu-Mund-Propaganda und ohne daß die Teamer davon erfahren sollten, zu einer Versammlung spät am Abend, um eine neue Forschungsgruppe zu organisieren – mit denselben Teilnehmern, aber ohne die Teamer. Man kann in dieser Initiative eine Episode der Gruppendynamik sehen.

Wir haben gesagt, daß die Konflikte zwischen den Mitgliedern des Teams unbewußt wie eine Aufforderung zu einer gewissen Abwehrstrategie gewirkt haben, die sich auf die gesamte Gruppe bezog: die Furcht vor/der Wunsch nach Zerstörung. Der Wunsch der Teilnehmergruppe, gemeinsam weiterzuarbeiten, aber ohne das Team, kann als ein Befreiungsversuch von der unbewußten kollektiven Problematik genau zu dem Zeitpunkt verstanden werden, als die Gruppe die Erfahrung gemacht hat, daß die kollektive Konfrontation nicht unausweichlich destruktiv sein muß und daß die Auseinandersetzung mit dem Konflikt, statt ihn zu leugnen, die Entwicklung wirklicher Solidarität erlaubt und zu gemeinsamen Projekten führt.

V. Einfluß und Grenzen der Vergangenheit in der existentiellen Selbst-Bildung

René Barbier

Jede Lebensgeschichte zeigt, wie bedeutend das Gewicht der Vergangenheit in der Konfrontation mit den Zufälligkeiten des alltäglichen Lebens ist. Ich werde versuchen, drei Typen der Einflußnahme auf das sich bildende Subjekt herauszuarbeiten: Vergangenheit und emotionale Existenz, Vergangenheit und intellektuelle Existenz, Vergangenheit und ontologische Dimension. Anschließend werde ich der Frage nach den Grenzen des Einflusses der Vergangenheit auf das gegenwärtige Leben nachgehen.

1) Vergangenheit und emotionale Existenz

Unsere Vergangenheit bestimmt in großem Maße die Gesamtheit unserer emotionalen Struktur. Eine der Stärken der existentiellen Selbst-Bildung besteht gerade darin, Art und Grund für die Gefühlswelle zu analysieren, die uns plötzlich aufgrund eines Wortes, einer Geste oder einer Situation durchflutet, die eigentlich ziemlich banal erscheint. Die Psychoanalyse Freuds wie auch die analytische Psychologie Jungs haben dies Art von Einflüssen ausgiebig beleuchtet, ebenfalls die Arbeiten von S. Grof (1985) über die perinatalen Prägungen. Es scheint mir, als habe die Soziologie zu dieser Frage auch etwas zu sagen. In einem Buch schlägt Vincent de Gaulejac (1985) vor, zur Erfassung dessen, was er als „Klassenneurose" bezeichnet, den psychoanalytischen Ansatz mit dem von Pierre Bourdieu zu verbinden. Er beschreibt im übrigen einen bemerkenswerten klinischen Fall am Beispiel von François, einem Ingenieur, Arbeiterkind, dem er begegnet, als dieser seine Promotion in Wirtschaftswissenschaften vorbereitet und der unter dem doppelten familiären Zwang stand, einerseits erfolgreich zu sein und sich somit notwendigerweise von seiner ursprünglichen sozialen Klassenlage zu entfernen und andererseits dem revolutionären Geist seines Vaters treu zu bleiben. Für De Gaulejac „bezeichnet die Klassenneurose einen Konflikt, der in der Zusammenfügung persönlicher, familiärer und sozialer Geschichte eines Individuums zum Vorschein kommt", (S.25) und später führt er noch aus: „Wie ineinander verschachtelte russische Puppen ist die individuelle Geschichte von der Familiengeschichte umschlossen, die wiederum in eine Sozialgeschichte eingeschlossen ist. Jeder schreibt sich in dieses Netz ein, das ihm seinen Platz, seine Identität zuweist. In diesem Sinn ist der Mensch Geschichte." (S.26)

Es ist offensichtlich, daß manche Reaktionen in unserer Gruppe aus dieser „Klassenneurose" resultieren oder aus dem, was ich in Analogie dazu „interkulturelle Neurose" nennen könnte. Eine „interkulturelle Neurose" entsteht durch eine antagonistische Akkulturation, d.h. durch die Verinnerlichung von sozialen Normen, Werten und Mythen, die in zwei Kulturen, von denen das Individuum durchdrungen ist, im vollkommenen Gegensatz zueinander stehen. Die fast vollständig fehlende wahrhaftige Berücksichtigung des tiefen Verhältnisses, das die Franzosen und die Deutschen in unserer Gruppe mit ihrer jeweiligen Kultur unterhalten, sowie der in offiziellen Kreisen weitverbreitete gemeinsame Mythos über die „Aussöhnung zwischen den Völkern", haben dazu beigetragen, die prägende Kraft des kulturell Verdrängten zu verschleiern, was dann in den dazu geeigneten Momenten zum Vorschein kam. Für mich, der ich aktiv in der Arbeitsgruppe „Lebensgeschichten" mitwirkte, ist dieser Einfluß der jeweiligen kulturellen und nationalen Vergangenheit sehr offensichtlich. Die Notizen, die ich damals machte, und ganze Teile meines Forschungstagebuches erinnern daran. Es scheint mir bemerkenswert, daß in dieser Hinsicht ein Unterschied zwischen Deutschen und Franzosen offenbar wurde. Die Franzosen waren in ihrer Mehrheit empfänglicher für die soziopolitische Dimension der deutsch-französischen Beziehungen. Die Deutschen haben mit wenigen Ausnahmen zu dem tendiert, was ich den postmodernen Individualismus nennen könnte, der auf körperliches Vergnügen, ästhetische Freuden und emotionale Beziehungen ausgerichtet ist, wie sie die Gestalttheorie in reichem Maße anbietet. Zweifellos müßte man ihr Interesse für die politische Ökologie davon ausnehmen, das im übrigen sehr stark von den deutschen Teamern geprägt wurde. Aber dieses Interesse verläuft in einer Gruppe, in der die ästhetische Optik eine große Rolle spielte, eher in die Richtung einer Anerkennung der individualisierenden Dimension der Existenz. Die Blindheit gegenüber institutionellen Fragen und kulturellen Prägungen der Teilnehmer wird in dieser Gruppe durch die feindselige Haltung gegenüber den Plenumssitzungen bestätigt, in denen eher als in den kleinen Gruppen derartige Fragen gestellt wurden. Und es wird auch verständlich, warum fast keine Deutschen an der Arbeitsgruppe „Lebensgeschichten" teilnahmen, in der vor allem der politische Aspekt unseres individuellen Lebens behandelt wurde. Es wäre leicht zu zeigen, daß der kulturelle Unterschied zwischen deutschen und französischen Teamern – unabhängig von gleichwohl bestehenden gegenseitigen Anziehungskräften und Übereinstimmungen – unweigerlich eines Tages aufbrechen mußte, wenn man in Begriffen von „Klassenneurose" und „interkultureller Neurose" denkt. Florence und ich selbst stammen ursprünglich aus einer unteren Schicht, die bei mir auch deutlich von Antiklerikalismus und anarchistischem Sozialismus beeinflußt war. Die beiden deutschen Teamer sind Pastorensöhne, und beide haben Theologie studiert. Isis stammt ebenfalls aus einer traditionell-bürgerlichen Familie mit der entsprechenden Allgemeinbildung. Ein Blick auf die Teilnehmer macht deutlich, daß sie teilweise dieselben sozialen Ursprünge haben, wie die Teamer, von denen sie geworben wurden.

Zum besseren Verständnis unserer jeweiligen „interkulturellen Klassenneurose" scheint es notwendig, unser Verhältnis zum Konflikt zu analysieren. In einer Perspektive des Kampfes für den Frieden erscheint der Konflikt als „Teufel", während er für andere, u.a. für mich selbst (zusammen mit Florence und häufig auch mit Burkhard), eine Lichtquelle darstellt, die das Erlebte, insofern es analysiert wird, beleuchtet. In den unteren und mittleren Klassen gehört der Konflikt zum Alltag: Konflikt zwischen den Eltern, Konflikt zwischen den Kindern, Konflikt auf der Straße, Konflikt in der Fabrik, Konflikt in der Schule. Nun erhielt Burkhard, einer der deutschen Teamer, von seinen Landsleuten, Teamer eingeschlossen, immer dann einen Rüffel, wenn er sich auf die Anerkennung der Unterschiede einließ, die geeignet schienen, Konflikte zwischen Deutschen und Franzosen hervorzurufen. Die Tragweite meines Konzeptes der „interkulturellen Neurose" wird zweifellos durch das Verhalten von Charlette bescheinigt, die Französin ist, in Deutschland lebt, weit entfernt von ihrem Sohn aus erster Ehe, und heute mit einem deutschen Intellektuellen verheiratet ist, Teamer unserer Gruppe und Vertreter der Gestalttheorie. Ihre Beziehung zur deutschen Kultur ist sehr komplex. Sie hat lebhaftes Interesse an ihr. Sie ist Deutschlehrerin, sensibel und intelligent, aufgeschlossen gegenüber der Kunst und der Poesie. Aber ihre Reaktionen in der Arbeitsgruppe „Lebensgeschichten" beweisen eine extreme Empfindlichkeit gegenüber allem, was die deutsch-französische Unterschiedlichkeit diesseits und jenseits des Rheins betrifft. Sie reagierte heftig auf das symbolische Arrangement, das ich getroffen habe, um den Finger auf das in der Gruppe Unausgesprochene zu legen. Sie hat mir ihr Symbol auf die Stirn geklebt. Ihre Emotion war extrem und hat sich im Plenum bestätigt, wo wir über diese provozierende Initiative (Zeichnung eines Hakenkreuzes) diskutiert haben. Es sieht ganz so aus, als ob die Anerkennung eines echten deutsch-französischen Unterschiedes ihr persönliches Leben in Frage stelle, sie verpflichte, die Entscheidungen in ihrem Leben zu überdenken. In gleicher Weise würde ich auch meine eigenen ambivalenten Reaktionen im Hinblick auf die deutsche Sprache mit dem Begriff der „interkulturellen Neurose" analysieren. Ich habe die deutsche Sprache niemals lernen können/wollen, obwohl sie mich doch anzieht, wie mich auch die deutsche Philosophie und Poesie interessiert. Der Ursprung dieses „Widerstandes" ist in der Mythologie um den „WIDERSTAND" (Résistance) gegen den Nazismus zu sehen, an dem meine Familie aktiv teilgenommen hat.

2) Vergangenheit und intellektuelle Existenz

Es besteht m.E. kein Zweifel daran, daß das Erkenntnisinteresse, um mit Habermas zu sprechen, von unseren Affekten und unserem Unbewußten abhängt. Deshalb ist es mißverständlich, von einem objektiven schriftlichen Bericht sprechen zu wollen, wie eine deutsche Teilnehmerin in unserer Gruppe es tat. Wir betrachten Tatsachen zum einen im Licht unserer Vergangenheit, bezogen auf ein bekanntes und unbekanntes emotionales Gebiet, zum anderen im Licht unserer theoretischen Bezugssysteme, die wir im Zusammenspiel mit unseren einzelnen Entwicklungen erworben haben. Unser Blick auf die Welt der Interkulturalität wird immer von der Geschichte unserer Familie in ihren Beziehungen zum Anderen geprägt sein, und wir brauchen lange, um uns ein ganz klein wenig von diesem Einfluß zu befreien. Ich habe vor einiger Zeit ausführlich analysiert, was man in den Geisteswissenschaften „Verstrickung", „Verflechtung", „Einbezogensein" („implication") nennt. Eine eigene Studie dazu wäre nötig, um aufzuzeigen, wie dies in dem intellektuellen Leben in unserer Gruppe gewirkt hat. Aber die Vorliebe von Heinrich für das Gefühl und für den Körper in der Harmonie; die von Burkhard für das Wissen; die von Florence für die Analyse; die von Isis für die Frauen; die von Jacqueline für die poetische Empfänglichkeit; die von Charlette für einen originellen Spracherwerb; die von Claire und von Béatrice für die „Lebensgeschichten"; die von Rolande für die Ambivalenz zwischen theoretischem Wissen und körperlicher und poetischer Sensibilität, etc. werden verständlich, wenn man den Einfluß der Vergangenheit berücksichtigt. Béatrice hat im übrigen eindeutig bestätigt (vgl. Kap. II.VII.1), daß ihr Interesse an den Lebensgeschichten als Forschungsmethode in den Geisteswissenschaften mit der Frage nach der Erkenntnis ihrer eigenen Identität verbunden ist.

3) Vergangenheit und ontologische Dimension

Wenn es wahr ist, wie es mit einigen, für das grundlegende Problem unbedeutenden Nuancen Mircéa Eliade, S. Grof, R. Assagioli, E. Graf von Dürckheim, Jung oder auch der Psychoanalytiker V. Frankl denken, daß im menschlichen Sein ein „heiliger" Sinn für die Existenz lebt und daß in den Tiefenstrukturen der Psyche ein „unschuldiger Gott" (V. Frankl) oder das „Ich" (Jung) irgendeinen autonomen Einfluß im Verhältnis zu den sozialen und biologischen Determinismen haben, inwiefern verurteilt uns dann die Vergangenheit sei es zu einer beeindruckenden Anerkennung oder sei es zu einer absoluten Mißachtung dieser ontologischen Perspektive?

Nicht jeder führt wie Bernanos den Geist der katholischen Religion fort. Viele „Erben" des christlichen Wortes machen sich manchmal sehr energisch von dem elterlichen Einfluß auf diesem Gebiet frei. Die allgemeine Glaubens-Kritik im 20. Jahrhundert hat oft zu recht dazu geführt, individuelle und soziale Verhaltensweisen in Zweifel zu ziehen, die Galaxien entfernt von Weltanschauungen waren, die über den Menschen und die Gesellschaft verkündet wurden. Nietzsche, Marx und Freud haben die etablierte Ordnung der religiösen Glaubensvorstellungen jeder Art „verwüstet", nicht ohne Gefahr zu laufen, daß ihre eigenen fanatischen Anhänger in ihrem Namen neue Religionen etablierten, die das Blutbad in sich trugen, wie die Fälschungen von Nietzsches Werk durch seine eigene Schwester bezeugen, einem Glücksfall für den Nationalsozialismus. „Befreit uns von den Gottessuchern, von dem Bedürfnis zu glauben und von den kleinen Vätern des Volkes", schrieb der Dichter C. Roy in einer Perspektive, die einer wirklichen zeitgenössischen Weisheit nahekommt. Aber wenn es wirklich ein Bedürfnis ist und wenn es sich um ein Grundbedürfnis handelt (wie das Bedürfnis zu atmen, zu defäkieren, zu trinken und zu essen, etc.), wie kann man sich davon befreien? Hier wird ein Postulat aufgestellt, das jeder für sich befragen und wofür jeder selbst eine passende Antwort finden muß. Ist das „Liebesbedürfnis", das man heute „Zuneigung" oder Bindung nennt, ein Grundbedürfnis, wie es R. Zasso und J. Bowlby denken, oder aber stützt sich das Liebesgefühl auf das Grundbedürfnis, sich zu ernähren, wie es zahlreiche Psychoanalytiker glauben? Kann man dem Philosophen Martin Buber folgen, wenn er in „Ich und Du" sagt:

„... im Mutterleib wisse der Mensch das All, in der Geburt vergesse er es. Und sie bleibt ihm ja als geheimes Wunschbild eingetan. Nicht als ob seine Sehnsucht ein Zurückverlangen meinte, wie jene wähnen, die im Geist, ihn mit ihrem Intellekt verwechselnd, einen Parasiten der Natur sehen: der vielmehr ihre – nur freilich allerlei Krankheiten ausgesetzte – Blüte ist. Sondern die Sehnsucht geht nach der welthaften Verbundenheit des zum Geiste aufgebrochenen Wesens mit seinem anderen Du."[10]

Die klinischen Fälle, von denen Stanislas Grof berichtet, scheinen diesen Gesichtspunkt zu bestätigen. Allerdings muß man damit einverstanden sein, die Augen für diese Grenze des Unbekannten ohne Vorurteil, aber ohne maßlose Naivität zu öffnen. Ich habe in diesem Punkt eine offene Einstellung gegenüber metaphysischen Appellen. Das ist der Grund, warum ich zusammen mit anderen in unserer Forschungsgruppe vorgeschlagen habe, ausgehend von einer audiovisuellen Montage über das „Heilige" zu diskutieren. Es schien mir, als spiele die Vergangenheit hier eine bestimmende Rolle und zwar eher in negativem Sinn. Die Deutschen schienen mir besonders hinter dem Schutzwall der ökologisch-politischen Ideologie an ihren Verteidigungspositionen festzuhalten. Ihre familiäre Vergangenheit, die zum großen Teil „religiös" ist – und besonders die Vergangenheit der Nazi-"Metaphysik" – hielt sie von einer radikalen Infragestellung ab. Diese Beziehung zum „Sakralen" ist ein interkulturelles Element erster Ordnung, so sehr ist sie in der

10 Buber, Martin, Ich und Du, Heidelberg, Verlag Lambert Schneider, 9. Auflage 1977, S. 33.

Beziehung zu den religiösen Institutionen verwurzelt, die in sehr unterschiedlicher Weise unsere jeweiligen Kulturen in Deutschland und Frankreich geprägt haben. Für dieses Verhältnis scheint mir die Gruppe blind gewesen zu sein, trotz der unvollkommenen Versuche, es zu erhellen.

VI. Konkurrenz oder Komplementarität – zur Struktur von Lernprozessen in der institutionalisierten Weiterbildung und in freien Initiativen

Heinrich Dauber

Ich liege im Schlauchboot und treibe langsam über einen stillen Kratersee im Herzen des Massif Central. Heute morgen – am zweiten Tag eines Treffens von deutschen und französischen Teilnehmern zum Thema: „Sich bilden – was heißt das?“ – gab es einen zähen Streit zwischen Leitern und Teilnehmern. Ein Teil des (deutsch-französischen) Leitungsteams bestand darauf, in einer theorieorientierten Debatte die Ziele dieser Weiterbildungsveranstaltung zu klären. Dabei wurde auf den institutionellen Stellenwert dieses Seminars im Rahmen der deutsch-französischen Austauschprogramme hingewiesen.

Die Teilnehmer hatten eine Menge Material, Geschichten und Bilder mitgebracht und wollten weder über Theorie noch über Ziele oder institutionelle Rahmenbedingungen diskutieren. Sie wollten sich erst untereinander in Ruhe begrüßen, sich erzählen, was seit dem letzten Treffen vor einem Jahr passiert war; sie wollten ihre eigenen Ideen ausprobieren, etwas tun, ohne sich darüber ‚theoretisch‘ Rechenschaft ablegen zu müssen.

Ein heranbrausendes Motorboot schreckt mich aus meinen Tagträumen ‚Haben Sie eine Schwimmweste dabei?‘ ‚Nein‘. ‚Das ist hier Vorschrift‘. Ich weiß zwar nicht, warum; aber wenn es Vorschrift ist, muß ich ans Ufer zurück. Ich binde das Boot an einem Ast an und gehe in Gedanken wieder spazieren.

Letzte Woche – zu Hause: zum dritten Mal seit Tschernobyl haben wir – zwei Dutzend Eltern und Kinder – uns auf der Wiese zwischen Kirche und Rathaus getroffen, um eine Stunde lang schweigend mit Transparenten gegen die Beschwichtigung und das Vergessen zu demonstrieren.“ ‚Die Gefahr ist vom Tisch‘, sagen die Behörden. ‚Wo ist sie jetzt?‘,“ fragt eine Mutter ironisch. Die Eltern hatten sich gegenseitig eingeladen. Sie kannten sich aus allen möglichen informellen Zusammenhängen, wo immer nach der Katastrophe in Tschernobyl geredet wurde: über den Alltag, über die Kinder ... Man hatte gemeinsam Informationsveranstaltungen besucht, mit dem Bürgermeister, der Schulleitung, dem Kirchengemeinderat Kontakt aufgenommen.

Alle hatten verständnisvoll reagiert und sich gleichzeitig für unzuständig erklärt. Die Gruppe sah sich vor der Schwierigkeit, konkrete, gar längerfristige Handlungsziele zu entwickeln.

Zwei Szenen, zwei Kontexte: Welche Szenarien folgen daraus: Gibt es vergleichbare Probleme: Wie unterscheiden sich die jeweiligen ‚Lösungsstrategien'?

In diesem Beitrag soll – in aller Kürze – dargelegt werden, daß sich die Struktur von Lernprozessen in der institutionalisierten Weiterbildung und in freien Initiativen in ihrem Verlauf grundlegend unterscheidet, also in Konkurrenz zueinander steht, daß beide Prozesse jedoch komplementär aufeinander angewiesen sind, wenn sie erfolgreich verlaufen sollen.

Damit ist nicht nur gemeint, daß freie Initiativen und institutionalisierte Weiterbildungsangebote inhaltlich und politisch (i. w. S.) aufeinander angewiesen sind, um überlebensnotwendige Bewußtseinsveränderungen in unserer Gesellschaft zu begleiten und zu unterstützen; vielmehr ist damit auch gemeint, daß auf einer strukturellen Ebene von Lernprozessen einander polar (nicht alternativ!) gegenüberstehende Prinzipien identifiziert werden können, die sich jeweils komplementär als ‚Gestalt und Hintergrund' ergänzen.

Ohne dies hier ausführlicher begründen zu können[11], gehe ich davon aus, daß unsere Gesellschaft in wenigstens fünf großen thematisch miteinander verflochtenen Bereichen vor Herausforderungen steht, von deren Beantwortung Überleben und Menschenwürde abhängen: Es geht erstens um eine völlig neue Beziehung zu und Gestaltung von Umwelt als Mit-welt; es geht zweitens um eine kontrollierte und vollständige Abrüstung; es geht drittens darum, den Menschenrechten in aller Welt Geltung zu verschaffen, d.h. vor allem eine ökonomisch und politisch gerechte Weltordnung durchzusetzen; es geht viertens darum, Bildungsprozesse nicht länger unter Qualifikationskriterien (im Blick auf ihre Verwertbarkeit in der Lohnarbeit) zu diskutieren, sondern gerade angesichts struktureller Veränderungen auf dem Arbeitsmarkt Bildung als eigenständiges Grundrecht zu begreifen; es geht fünftens darum, neue Formen des sozialen und kulturellen Zusammenlebens zu erproben, in denen der Bewußtseins- und Wertewandel vorangetrieben werden kann, der sich heute schon in vielen gesellschaftlichen Nischen bemerkbar macht und

---

11 vgl. Heinrich Dauber, Selbstorganisation und Teilnehmerorientierung als Herausforderung für die Erwachsenenbildung, in: Gerhard Breloer, Heinrich Dauber, Hans Tietgens, Teilnehmerorientierung und Selbststeuerung in der Erwachsenenbildung, Braunschweig 1980
vgl. Heinrich Dauber/Werner Simpfendörfer, Eigener Haushalt und bewohnter Erdkreis – ökologisches und ökumenisches Lernen in der „Einen Welt", Wuppertal 1981
vgl. Heinrich Dauber, Nanni Brücker, Klaus Kiwi, Jochen Kuhnen, Ökologie und Pädagogik oder: brauchen wir eine ökologische Erziehungswissenschaft? – Versuch einer Argumentationsskizze Kassel 1984
vgl. Heinrich Dauber, Erwachsenenbildung zwischen Sozialpolitik und sozialen Bewegungen, Bericht der Jahrestagung 1982 der Kommission Erwachsenenbildung der Deutschen Gesellschaft für Erziehungswissenschaft an der Universität Hannover

in der wissenschaftlichen Diskussion unter den Stichworten ‚Selbstorganisation', ‚Ganzheitliches Denken', etc. seinen Niederschlag gefunden hat.

Dabei wird in diesem Beitrag unterstellt, daß zwar weitgehend Einigkeit darüber besteht, daß wir in den genannten Bereichen neue Antworten finden müssen, es aber letztendlich weniger darauf ankommt, welche inhaltlichen Lösungen gefunden werden, als welche Struktur diesen ‚Lösungen' zugrundeliegt.

Solange diese Herausforderungen uns (nur) veranlassen, neue Fachschwerpunkte in der institutionalisierten Weiterbildung zu installieren und neue Themenkataloge auf dem Markt anzubieten, werden die vorgeschlagenen Maßnahmen die vorhandenen Probleme eher verschärfen. Gesellschaftliche Probleme werden als pädagogische Herausforderungen begriffen und mit verstärkten Erziehungsbemühungen beantwortet: Umwelt-, Friedens-, Dritte-Welt-Erziehung usw. Das zugrundeliegende Muster bleibt unverändert: „Mehr von dem Gleichen".

Vielmehr wird es darum gehen müssen, Probleme in ihrem Kontext zu erkennen, d.h. die ‚Regeln' im System zu erkennen und zu verändern, die dazu führten, daß wir trotz guter Absichten uns immer tiefer in einem Lebensmodell verstricken, das auf Zerstörung und Ausbeutung basiert und uns selbst bei scheinbar immer größerer Freiheit immer abhängiger macht.

Ein – aus meiner Sicht – entscheidender Gesichtspunkt wird sein, die jeweiligen Gegenpole unseres (bewußten) Wollens und Handelns zu erkennen und zu integrieren. Je mehr Bereiche wir in den ‚Schatten' verdrängen, desto stärker werden wir ihnen ausgeliefert sein. Je heftiger wir ‚blindlings' Strukturen, Verhaltensweisen, Personen ablehnen, desto stärker identifizieren wir uns negativ mit ihnen, lassen uns dabei vom Abgelehnten infizieren und werden bei zunehmender Rigidität dem immer ähnlicher, was wir zu vermeiden trachten.

Solange die institutionalisierte Weiterbildung und die freien Initiativen in Konkurrenz zueinander verharren, werden sie keine angemessenen Lösungen auf die gesellschaftlichen Herausforderungen unserer Zeit finden. Obzwar scheinbar mit entgegengesetzten Mitteln arbeitend, setzt sich bei beiden eine offen deklarierte oder heimlich wirksame Tendenz zur verschulten Bewußtseinserziehung durch. Dabei wird der jeweilige Kontext unterschlagen.

Die Teamer einer deutsch-französchen Weiterbildung, die auf einer institutionsbezogenen Klärung der Ziele eines interkulturellen Austausches beharren, erzeugen gerade dadurch die ‚bornierten' Lernblockaden, die sie der Selbstorganisation der Teilnehmer unterstellen. Dabei unterschlagen sie die Möglichkeiten, die im Kontext selbst schon angelegt sind: vielfältige, unterschiedliche Erfahrungen und Kompetenzen; nicht zuletzt: Befremdung als Medium, die eigenen kulturellen Prägungen bewußter zu erleben.

Die Eltern, die angesichts einer allgemeinen Kultur der Beschwichtigung und Verdrängung versuchen, sich bewußtseinsbildend an die Öffentlichkeit zu wenden, glauben, institutionelle Macht durch Betroffenheit ersetzen zu können und fühlen sich am Ende frustriert über die scheinbare Perspektivlosigkeit ihrer Aktion.

Und doch haben auch ‚Teamer' und ‚Eltern' recht, wenn sie auf ihrem je spezifischen Zugang beharren – dem der institutionellen Verantwortung und dem der eigenen (institutionell nicht bearbeitbaren) Alltagssorgen.

Ich finde beide Erfahrungen und beide ‚Bornierungen' auch bei mir selbst. Die eingangs beschriebenen Beispiele sind nicht idealtypisch ausgewählt oder alltagsnah konstruiert. Sie spiegeln meine eigene Schwierigkeit, theoretisch sauber zu trennen, was ‚in Wirklichkeit', in der eigenen Praxis und dem Nachdenken darüber, oft nicht säuberlich geschieden werden kann. Ich plädiere hier also ganz offen für eine Auflösung alternativer im Sinne dualistischer Konzepte (entweder-oder), da ich aus eigener und fremder Erfahrung weiß, wie spaltend (lat. schizo-phren) sich solche Unterscheidungen für das eigene Selbstverständnis auswirken können.

Die Institution stellt – dem Lernprozeß ‚äußerlich' – Ressourcen bereit: Geld, Räume, Experten, Materialien und Medien. Jede Veranstaltung der institutionalisierten Weiterbildung basiert auf vorab getroffenen Entscheidungen über die Zielgruppe, den Ausschreibungs- oder Einladungsmodus, die eingesetzten Teamer oder Kursleiter, legt mithin soziale Rollen und ihr Verhältnis (Leiter – Teilnehmer) formell fest. Nicht zuletzt werden Ziele und Inhalte der Veranstaltung/des Seminars definiert, mehr oder weniger operational, mehr oder weniger teilnehmerorientiert.

Ausgeblendet ('im Schatten') bleiben dabei die konkreten Alltagserfahrungen der Menschen, die zu Beginn des Kurses anwesend sind. (Natürlich gab es Vorüberlegungen, welche Leute mit welchen Erfahrungen vermutlich ...). Die Anwesenden werden – in der Regel – mit ausgesprochenen oder unausgesprochenen ‚Antworten' konfrontiert, die als Lernziele formuliert sind und einen Bezug zur eigenen Alltagswelt, dem eigenen Interesse zu beanspruchen scheinen.

Nicht im Blickfeld ist die informelle soziale Struktur der Gruppe, die sich ja erst bilden muß, oft schon in den ersten Minuten erste Festlegungen erfährt und wesentlich das Klima der Arbeit bestimmen wird. Sicher sind auch Kursleiter Menschen und zeigen sich, mindestens im informellen Kontext beim Bier, auch als solche.

Dennoch, die anfänglich definierte Distanz bleibt als heimlicher Lehrplan weitgehend wirksam.

Wenig gehört werden die eigenen Kompetenzen und Fähigkeiten der Teilnehmer, selbst Experten ihrer Bildung zu sein, selbst eigene Ressourcen (Zeit, Geld, Räume) mit einbringen zu können. Ich kenne viele Tagungsstätten, die schon durch ihre räumliche Struktur nur ‚animierte' *oder* ‚gesellige' Tätigkeiten zulassen. Es gibt inzwischen aber auch andere, in denen eine Vielfalt von Werkzeugen und Werkstätten zur freien Verfügung steht.

Kurz: Die externen, von der Institution bereitgestellten Ressourcen (Geld, Räume, Experten) drohen die eigenen Ressourcen der Teilnehmer zu verschatten; die formell vorgegebene soziale Arbeitsteilung definiert die Beziehungen in der Gruppe vor; die antizipierten Zielvorstellungen der Institution nehmen die konkreten Alltagserfahrungen der Teilnehmer vorweg. Überwunden werden kann diese Spaltung meiner Erfahrung nach nur, wenn die jeweiligen Pole sehr klar benannt werden und viel Raum und Zeit darauf verwendet wird, sie auszubalancieren. In der Bewußtwerdung ihrer polaren (wiederum nicht ‚alternativen') Beziehungsstruktur liegt die Chance zu ihrer Transformation und Integration.

Die freie Lerninitiative steht – in umgekehrter Perspektive – vor strukturell ähnlichen Problemen. Die eigenen Alltagserfahrungen und -sorgen führen nur dann zu einer neuen Praxis, wenn ihre Widersprüche ausgearbeitet werden, wenn neue Erfahrungen gemacht werden, die es erlauben, wünschenswerte Veränderungen konkret als Handlungsziele zu beschreiben. Allerdings braucht dieser Prozeß seine Zeit und kommt nicht selten deshalb ins Stocken, weil zu schnell auf (scheinbar klare) Handlungsziele gedrängt wird.

Die eigene informelle Gruppenstruktur wird nur dann über den Status einer Stammtischkultur hinauswachsen, wenn sich innerhalb der Gruppe eine (informell akzeptierte) formelle soziale Struktur herausbildet (Übernahme bestimmter Aufgaben, Verantwortungsbereiche etc.). Dies kann flexibel geregelt sein, die Struktur muß jedoch erkennbar sein.

Die eigenen Ressourcen und Kompetenzen der Gruppenmitglieder werden in dem Maße, in dem sie sich erweitern und stabilisieren, selbst zu externen Ressourcen für andere. Dies ist der Fall beim Aufbau von Informationsdiensten und Netzwerken gegenseitigen Erfahrungsaustauschs.

Kurz: Freie Lerninitiativen sind, zumindest wenn sie sich am politischen Prozeß der Umgestaltung unserer Gesellschaft beteiligen wollen, darauf angewiesen, die eigenen Alltagserfahrungen mit längerfristigen Zielperspektiven zu verbinden; die eigenen informellen Strukturen soweit auszubilden, daß formelle Verantwortlichkeiten nach ‚außen' sichtbar werden; die eigenen Ressourcen und Kompetenzen mit denen anderer Personen, Initiativen (oder auch Institutionen) wechselseitig zu verbinden.

VII. Teilnehmerbeiträge

Das Vorhaben, die eigene Lebensgeschichte bzw. Bildungsgeschichte zu thematisieren, „aufzuarbeiten“ oder Formen für solche Reflexionsarbeit an der eigenen Biographie zu entwickeln, war eines der Leitmotive in der Gruppe. Ein beträchtlicher Teil unserer Aktivitäten konzentrierte sich darauf, Methoden dafür zu entwickeln und/oder auszuprobieren.

Gemeinsam war an diesen Aktivitäten um das Thema „Lebensgeschichte“ nicht nur, daß sie Interessen und methodische Experimente von Zuhause (z.B. von Universitätsseminaren) ausdrücklich in die Gruppe einbrachten. Sie waren zugleich ein Aktionsfeld, in dem der Zusammenhang zwischen der längerfristigen Bedeutung des Themas: „Was heißt sich bilden?“ und den eher kurzen, zeitlich eng begrenzten Aktivitätsmöglichkeiten im Rahmen dieses Projektes studiert werden konnte. Dies betrifft ja, wie schon gesagt, einen Kernpunkt der Thematik unseres Projektes: nämlich die Frage, ob die Tatsache, daß internationale Begegnungsprogramme fast immer nur kurz sind, nur Episode außerhalb des Alltags der Beteiligten, dazu führen müsse, daß die großen Themen dieses Alltags (wir unterstellen, daß die Frage unseres Projekts „Wozu, für welche Zukunft bilden wir uns ?“, für alle Beteiligten ein solches Thema ist) letztlich nicht bearbeitet werden können. Die besondere Bedeutung all dieser „dispositifs“ zur Thematisierung von eigener Biographie liegt also darin, daß sie inhaltlich eine Verklammerung der Fragen suchte: Was beschäftigt mich zu Hause (und in meiner Geschichte, so sie mir präsent ist) am meisten, und was beschäftigt mich hier? Sie liegt aber auch darin, daß die Teilnehmer experimentell nach Formen suchten, in denen diese Verklammerung möglich wurde und nicht in überzogenen und schon aus rein zeitlichen Gründen unerfüllbaren Ansprüchen hängen blieb.

Die Texte dieses Kapitels sind individuelle Versuche von Teilnehmern, diese Verklammerung zu beschreiben – zugleich aber auch ihre Grenzen zu zeigen. Es folgen Beiträge, die auf sehr unterschiedliche Weise den persönlichen Hintergrund thematisieren, vor dem sie ihre Erfahrungen im Projekt verarbeiten. Im Vergleich zeigen die Texte zugleich, daß die Konflikte und das wechselseitige Nichtverstehen, von denen in diesem Bericht öfter die Rede ist, keineswegs nur Folge von äußerlichen Mißverständnissen und Kommunikationspannen sind, sondern daß sie tief in den biographisch geprägten Überzeugungen wurzeln.

1) Béatrice Haber

Einige Fragen und darauf vielleicht mögliche Antworten

> „... ich möchte Sie bitten ... zu versuchen, die Fragen selbst liebzuhaben wie verschlossene Stuben und wie Bücher, die in einer sehr fremden Sprache geschrieben sind. Forschen Sie jetzt nicht nach den Antworten, die Ihnen nicht gegeben werden können, weil Sie sie nicht leben könnten.“[12]

Da ich in einem Milieu mit unzähligen verschiedenen Kulturen aufgewachsen bin, und ich überdies jüdischen Ursprungs bin, war ich sehr interessiert, als René, dessen Kurse an der Universität Paris VIII ich seit mehreren Jahren besuchte und den ich dann als Betreuer für meine Magister-Arbeit gewählt hatte, mir vorschlug, an den Begegnungen des DFJW teilzunehmen. Außerdem entsprach das Thema „sich bilden“ ganz und gar der Problematik, mit der ich mich derzeit beschäftigte, denn ich hatte eine Forschungsarbeit zur Selbst-Bildung begonnen.

Ich war zu dem Zeitpunkt in einen zweijährigen Ausbildungskurs für Animateure eingeschrieben, und ich dachte, daß „sich bilden“ auch bedeutete, sich der Entscheidungen bewußt zu werden, die man auf beruflichen oder anderen Gebieten getroffen hatte.

Ich errinere mich eines Eindrucks bei meiner ersten Begegnung mit Deutschland, als ich auf dem Weg nach Germerode war. Um 5 Uhr morgens warteten wir am Bahnhof von Karlsruhe auf den Zug, der uns nach Kassel fahren sollte. Philippe war etwas Luft schöpfen gegangen, ich befand mich in der Eingangshalle und beobachtete, was um mich herum vorging. In dieser frühen Morgenstunde gab es nur wenige Passanten, aber ich fand, daß sie alle wächserne Gesichter hatten. Dieses Bild hatte eine nachhaltige Wirkung auf mich und ließ mich einen Moment der Angst erleben. Dennoch nahm ich Vernunft an, indem ich diese Vision der frühen Morgenstunde, dem Wetter (es regnete), der Umgebung (der Bahnhof), meiner Übermüdung und der Geschichte zuschrieb, die ich mit mir trug, auch wenn sie mir nicht bewußt war.

Ich vergaß diese Episode nach einem erholsamen Schlaf bei unserer ersten Begegnung in Germerode schnell. Im übrigen sprach ich niemals davon.

Gleichwohl, wenn ich heute daran zurückdenke, stellt sich mir eine Frage: Wie war es möglich, daß wir damals niemals das Thema der Geschichte unserer Länder behandelt haben, und dies um so mehr, als wir doch alle mehr oder weniger direkt über das DFJW zu diesen Begegnungen gekommen waren? Wenn ich mich nicht irre, wurde diese Organisation nach dem Krieg mit dem Ziel gegründet, neue Bande zwischen Deutschen und Franzosen zu knüpfen.

---

12 Rilke, Rainer Maria, Briefe an einen jungen Dichter, Frankfurt, Suhrkamp Verlag, 1989, S. 28/29.

Und doch haben wir anfangs niemals von dem Ausgangspunkt unserer Begegnung gesprochen: Wir versuchen, uns in einem interkulturellen Kontext zu bilden. Wir kommen alle mit unserer persönlichen Geschichte, in der die Geschichte unseres Volkes indirekt enthalten ist.

> „Wir sind alle keine Tonschollen, und wichtig ist nicht, was man aus uns macht, sondern was wir aus dem machen, was man mit uns gemacht hat.“[13]

Wir stellen die Interkulturalität unserer Begegnung heraus, aber arbeiten, als ob der historische Aspekt unserer Kulturen nicht existiere und niemals existiert habe.

Wenn wir in unserer Vergangenheit graben, können wir alle sagen, so glaube ich, daß wir tatsächlich Tonschollen gewesen sind, die nach der Laune der Fluten geformt wurden von unseren Kulturen und von denen, die uns geprägt haben: den Eltern, Lehrern, im Grunde gleichgültig von wem.

> „Bis zu welchem Punkt hat die Gruppe versucht, die persönlichen Entwicklungsbedürfnisse zu erkennen und darauf zu reagieren, und in welchem Maße hat sie die Sehnsüchte, die Werte, die Erwartungen befriedigt, die für die Individuen emotional und sozial von Bedeutung waren, oder auch: in welchem Maße hat sie zwischen diesen beiden widersprüchlichen Haltungen vermittelt, die zwischen der Suche nach Befriedigung des Bedürfnisses, sich zu entwickeln, und nach Sicherheit hin und her schwanken... „[14]

Ist die Gruppe gar nicht dazu da, darüber nachzudenken, wie man sich in einem interkulturellen Kontext bilden kann? Und versuchen wir selbst, als Individuen in der Gruppe nicht mehr und mehr zu Akteuren unseres eigenen Lebens zu werden?

An einem Dienstag, schrieb ich in Germerode: Die Forschung darf nicht vom täglichen Leben getrennt sein, sondern muß in ständiger Interaktion mit ihm bleiben.

Tatsächlich war ich von der Feststellung sehr überrascht, daß unsere Gruppe diesen Moment der Begegnung lebte, als sei sie völlig losgelöst von den alltäglichen Interessen.

„Sich bilden im interkulturellen Kontext“. Sollte der interkulturelle Kontext lediglich ein Ort (welcher auch immer) sein, wo sich Individuen verschiedener Nationalitäten treffen?

Ein Künstler sagt: „Jede Handlung verändert das Denken und jeder Gedanke verändert die Handlung.“ In diesem Sinne möchte ich die Hypothese aufstellen, daß jede Handlung unseres alltäglichen Lebens unsere Geisteshaltung und unseren Intellekt verändert und daß umgekehrt jede Auswirkung dieses Zustandes und jede unserer Überlegungen unseren Alltag modifiziert.

---

13 Jean-Paul Sartre, /Bemerkungen über Genet, 1952.

14 André Tixier, „Histoire de vie, consigne intérieure et développement personnel“, Vortrag zum Kolloquium „Histoires de Vie en formation“, 5.-7. Juni 1986 in Tours.

Es handelt sich um ein unverzichtbares Hin und Her, um unseren Erkenntnisstand zu erarbeiten und zu entwickeln.

„Alle Worte sind verbraucht, sie können uns nichts weiter sagen."[15]

Trotz der Wut, die sich meiner mit den Tagen, die vergingen, bemächtigte, gebe ich zu, bis zu diesem Moment nichts getan zu haben, um diesen Zustand zu ändern. Ich nahm die Gruppe nicht als Einheit wahr, sondern als aus kleinen Gruppen zusammengesetzt, die nur aufgrund der Einladung der Forscher miteinander verbunden waren. Wahrscheinlich schien es mir deshalb sehr schwierig, einen Beitrag zu leisten, der mit meinem Denken in größerem Einklang stand, sieht man von der Tatsache ab, daß ich an der „kulinarischen Kreativität" teilhatte, an der Frauengruppe teilnahm und eine Wandzeitung vorgeschlagen habe, um meinen Wünschen und den der anderen Ausdruck verleihen zu können, zweifellos als „Sublimierung". Ich hatte unzweifelhaft das Gefühl, daß die Teammitglieder einfach alles für mich übernahmen, ob dies auf den Inhalt oder eher auf den ihm zu gebenden Sinn oder auf den technischen Ablauf (Unterbringung, Mahlzeiten, Arbeitsräume, etc) bezogen war.

Da ich der Ansicht war, daß diese Parameter sich zu dem Anliegen unserer Überlegungen selbst im Widerspruch befanden,

> „... die Sprache ist der Virus dieser Krankheit, die man Mensch nennt. Je mehr der Mensch zum Menschen wird und sich vom Tier unterscheidet, desto mehr verschlimmert sich sein Leid. Das ist es, was wir Fortschritt nennen. Das Tier ist nicht neurotisch und kennt den Fortschritt nicht..."[16],

wollte ich für unsere zweite Begegnung am Chambon-See etwas tun, das dieses Gefühl, Forschungsobjekt zu sein, umwandeln könnte, indem ich in gewisser Weise Akteurin für die Kontinuität unserer Arbeit wurde. Da Claire sich zu diesem Zeitpunkt dieselben Fragen stellte und da wir beide an dem Kolloquium über die „Lebensgeschichten" in der Bildungsarbeit in Tours teilnahmen, beschlossen wir, diese Arbeitsgruppe zu bilden: „Sich bilden lernen durch die Aneignung der eigenen Biographie im Prozeß der interkulturellen Begegnung".

> „Das anerkennende Urteil, das den mit der Bildung verbundenen Wandel begleitet, setzt gewöhnlich den Wunsch nach neuen Verwirklichungen frei."[17]

Dieser Wunsch reihte sich in meinen persönlichen Bildungsprozeß und in meine Forschung zur Selbst-Bildung ein. Bildung und Selbst-Bildung kann m.E. in einem Rahmen wie diesem nicht ohne Kreativität und nicht ohne das Bemühen erfolgen, in anderen Kreativität zu entwickeln.

---

15 Der Geistliche in „La maladie humaine" von Ferdinando Camon, 1981.

16 Ferdinando Camon, „La maladie humaine", 1981.

17 Adèle Chené, „Analyse du récit de formation", Vortrag für das Kolloquium „Histoires de vie en formation", 5.-7. Juni 1986 in Tours.

Entsprechend dem Thema „Sich bilden in einem interkulturellen Kontext“ erarbeiteten wir eine Methode, wobei mein persönliches Ziel darin bestand, mich durch die Tatsache zu bilden, daß ich einen aktiven Anteil an dieser Forschung zu haben versuchte, aber gleichzeitig sollten die Teilnehmer in die Lage versetzt werden, sich selbst zu bilden, denn der Inhalt der Lebensgeschichte gehört jedem selbst, so wie es von jedem selbst abhängt, in welchem Maße er sich einbringt oder distanziert.

Wir stellten eine Methode vor, zur Entzifferung von Lebensgeschichten, die jeder frei war, zu übernehmen oder nicht. Einige haben darin eine „Art von Legitimation für das, was sie geworden sind,“ gefunden oder „eine Vorstellung von dem Wandel ihrer Persönlichkeit“ bekommen. Andere haben es vorgezogen, ihr eigenes Interpretationsraster zu entwickeln. Wieder andere haben sich die Frage gestellt, wie man bei dieser Methode Distanz halten kann, und einige schließlich haben es einfach anregend gefunden, in der Gruppe zu arbeiten.

> „Das hermeneutische Wissen bezeichnet bei Friedrich Schleiermacher (deutscher Theologe und Romantiker, 1768-1834) das Ergebnis einer persönlichen Überlegung, d.h. der Übergang von einem unmittelbaren Bewußtsein, wie das der Gefühle, der Erlebnisse und der Erfahrungen, zu einem überlegten Bewußtsein. Diese Art des Wissens fordert also zu einem persönlichen Bildungsprozeß heraus und schließt das Verständnis historischer, sozialer und kultureller Faktoren ein, die für den persönlichen Lebenslauf bestimmend waren...“
> „Die hermeneutische Vorgehensweise ist wahrscheinlich das Schlüsselelement jeder biographischen Forschung. Diese erfordert eine Kenntnis, die auf dem auf sich selbst bezogenen Verstehen beruht und die von allen Individuen erreicht werden kann, sofern sie zwei Bedingungen erfüllen:
>
> – „sich selbst-einbeziehen“: eine Kenntnis, die auf einer Reflexion beruht, kann nur zutreffend sein, wenn das Individuum das Objekt „erkennt“, über das es nachdenkt, und wenn es sich darin hineinbezieht. Nachzudenken, ohne selbst einbezogen zu sein, hat keinen Sinn, so daß die klassischen Forschungskriterien – vor allem das der objektiven Distanz – nicht auf die hermeneutische Vorgehensweise angewendet werden können.
> – „sich selbst in Frage stellen“: die Reflexion ist ein Instrument, das voraussetzt, systematisch alle Aussagen wie auch alle darin enthaltenen individuellen Wahrheitsansprüche in Frage zu stellen...
>
> ... Es ist offenkundig, daß sich die Forscher wie auch die Handelnden in der hermeneutischen Methode in keiner Weise unterscheiden, denn diese Methode beruht eher auf einer persönlichen Vorgehensweise als auf dem sozialen Lernen.“[18]

---

18 Matthias Finger (Assistent am Fachbereich Psychologie und Erziehungwissenschaften der Universität Genf), „Les implications socioépistémologiques de la méthode biographique“, Vortrag zum Kolloquium „Histoire de vie en formation“, 5.-7. Juni 1986, Universität von Tours.

Der Forschungsgegenstand ist die Bildung oder soll es zumindest sein. Ist es da nicht folgerichtig, einen prüfenden Blick auf die Bildung eines jeden von uns zu werfen und konsequenterweise über unsere jeweiligen Lebensgeschichten zu arbeiten? Durch einen neuen, personifizierten Blickwinkel, durch das Echo der anderen die Verbindungen und die Verknüpfungen verstehen, die uns veranlaßt haben, diese Art der Forschung zu unternehmen. Das ist nicht mehr, aber auch nicht weniger, als unsere Denkweisen herauszuarbeiten, als Elemente unseres Erlebten in eine bestimmte Ordnung zu bringen, sie in einer gewissen Weise deutlich zu machen, um dem anderen das Zuhören zu ermöglichen.

> „Der Mensch unterzieht sich einer Analyse, nicht um geheilt zu werden, sondern um zu wissen, warum er sich einer Analyse unterzieht.“[19]

Ich beende diesen Text mit einer Hypothese über mein Verhalten in dieser Gruppe. Ich frage mich, ob der Vorschlag, eine Arbeitsgruppe über Lebensgeschichten einzurichten, wie auch mein Interesse daran, – auf ganz und gar unbewußte Weise natürlich – daher rührt, daß ich mich über unseren Stellenwert hinsichtlich der Zielsetzungen des DFJW und über die fehlende Thematisierung unserer deutschen und französischen Geschichte in unserer Gruppe befragt habe. Vielleicht wollte ich diesen historischen Aspekt durch einen Austausch darüber in den einzelnen Untergruppen und innerhalb dieser Arbeitsgruppe hervorrufen.

Und um diese Hypothese im Hinblick auf die Teilnehmer dieser Gruppe weiterzuführen, vielleicht haben sie unbewußt oder bewußt (es handelt sich nur um eine Hypothese) eine Erwartung in dieser Richtung gehabt, als sie gekommen sind, um sich einzulassen auf das „Lernen, sich durch die Aneignung der eigenen Biographie im Prozeß der interkulturellen Begegnung zu bilden“.

---

19 Mathias Finger, „La méthode biographique, un instrument de recherche?“, in: Les Cahiers de la Section des Sciences de l'Education, Série Recherches, Nr. 8, Mai 1984

2) Marion Kammritz:

Meine Teilnahme am Projekt, eigene Motivation, worum ging es mir damals?

Mein Interesse, an dem Forschungsprojekt teilzumehmen, läßt sich auf einige wesentliche Punkte zurückführen, die mich in dessen Vorlaufzeit, besonders beschäftigt haben.

Zunächst war ich natürlich durch meine Ausbildung doppelt betroffen: Einerseits steckte ich inmitten einer „Bildungssituation", sollte mich ausbilden, qualifizieren und gleichzeitig lernen, wie anderen vermittelt, wie andere ge-bildet werden sollten. Mit dem Blick auf die möglicherweise zu erwartende Arbeitslosigkeit und dem trotzdem hochgehaltenen Anspruch, etwas machen – lernen – zu wollen, was mir sinnvoll erscheint, war die Frage nach dem Sinn von Ausbildung ein mir immer gegenwärtiger Auseinandersetzungspunkt.

Andererseits erschienen mir sowohl die zu vermittelnden Inhalte, wie auch der gesamte Ausbildungsrahmen zunehmend widersprüchlicher und unzulänglicher zu werden. Das anfangs als sinn-voll erachtete Studium entpuppte sich mit wachsendem Einblick immer mehr zu einem sinnentlee(h)rten Apparat, dessen Hauptmerkmal die Eigen-Verwaltung zu sein schien. Die Diskrepanz zwischen dem, was das Studium zu Beginn zu versprechen schien, nämlich die Möglichkeit, innerhalb eines Studienganges Theorie und Praxis miteinander zu verbinden und gleichzeitig fächerübergreifende Bezüge herstellen zu können, und dem, was in der Praxis tatsächlich realisiert werden konnte, wuchs in meinen Augen stetig.

Hinzu kam, daß ich mich als Frau in einer von Männern gemachten und – an den ausschlaggebenden Stellen – auch von Männern dominierten „Welt" aufhielt. Ich machte sehr bald die Erfahrung, daß ich nicht erwarten konnte, daß in dieser meinen Bildungsbedürfnissen, -maßstäben und -formen entsprochen werden würde.

Schon zu Beginn meines Studiums arbeitete ich mit anderen Studentinnen daran, diesen Ansprüchen innerhalb der Hochschule Gehör zu verschaffen. Zu diesem Zweck war es notwendig, uns einen hochschulöffentlichen Rahmen zu geben, und wir gründeten das erste Frauenreferat in der Geschichte der Hochschule.

Unsere Erfolge, auf dieser hochschulpolitischen Ebene unseren Forderungen Nachdruck zu verleihen, waren vergleichsweise gering. Der bürokratische Apparat entpuppte sich als zäh und langwierig. Unsere Abhängigkeit von Formalia und der Wohlgesonnenheit Einzelner (in der Regel Männer), verstärkte den Wunsch nach Unabhängigkeit von diesem „Bildungsmonopol" Hochschule.

Meine Auseinandersetzung mit dem, was für mich folglich Bildung bedeutete bzw. bedeuten könnte, fand schließlich außerhalb der Hochschule einen eigenen, geeigneteren Rahmen.

Zusammen mit anderen Frauen aus den verschiedensten Lebens- und Arbeitszusammenhängen gründeten wir einen Verein, der nach dem Vorbild größerer Städte Bildungsveranstaltungen im Rahmen einer sogenannten „Frauenwoche" in Hildescheim organisieren wollte.

In eigener Regie von, für und mit Frauen ein Forum zu schaffen, in dem sich gemeinsam gebildet werden konnte, war das Anliegen des Vereins.

Mir ist klar, daß ich die Zusammenhänge hier nur sehr verkürzt dargestellt habe, aber ein näheres Eingehen auf die Problematik von Frau-sein im offiziellen (Hochschul-) Bildungsbereich würde den Rahmen dieser Arbeit sprengen und zu weit von der Relevanz für das hier gestellte Thema vorbeigehen. Andererseits hat das Dargestellte einen erheblichen Einfluß auf meinen Bildungsprozeß gehabt und darf deshalb nicht ganz fehlen.

Zum Zeitpunkt des ersten vorbereitenden Treffens des Forschungsprojektes befand ich mich also mitten in den Vorbereitungen und Planungen für die erste Hildesheimer Frauenwoche. Mein Interesse, an dem Forschungsprojekt teilzunehmen, war folglich zu einem großen Teil auf meine damalige Bildungssituation zurückzuführen, die in dem Projekt eine Möglichkeit fand, reflektiert zu werden und einen weiterführenden, anregenden Rahmen zu bieten versprach. Ich war neugierig auf den interkulturellen Rahmen und insbesondere interessierten mich die französischen Frauen mit ihren Erfahrungen.

Abgesehen von der Motivation, mich direkt mit dem Thema auseinanderzusetzen, gab es auch den Wunsch nach Bildung im Erfahren von „Land und Leuten", der Wunsch nach (fremd-) sprachlichem Austausch, nach Kontakt und Auseinandersetzung mit einer anderen Kultur, der Möglichkeit, Erfahrung und Erkenntnis (wieder) weiter zusammen zu bringen.

3) Fabrice Rosina

> Im Juli
> Ein Ort, die Auvergne.
> Ein See, den regenbogenfarbene Dreiecke kräuseln.
> Berge mit gewölbtem Rücken, wie alte Bauern-Katzen, mit aufbrausender Erinnerung.
> Menschen, die sich befragen, die sich antworten, mit einem starken, übersetzenden Echo.

Wir erkennen uns wieder, unsere Masken sind praktisch dieselben wie im vorigen Jahr, in Deutschland. Auch wenn die Haare, ein wenig nur, kürzer, weißer oder gelockter geworden sind. Und dennoch, der Weg, den wir zwischen den beiden Begegnungen zurückgelegt haben, ist immens, wenn man ihn in Einheiten der Bildung oder Selbst-Bildung mißt. Durch und durch, gewaltige Stücke, Augenblicke, die keine Bedeutung haben, Momente, die man schnell vergessen möchte, solche, die man sich unvollendet wünscht, die man niemals gelebt haben möchte, sind zusammengeklebt und haben eine Bildungsroute abgesteckt, die gewiß anders ist als die, die man in dem Szenario seiner möglichen Zukunft bereits zu asphaltieren begonnen hatte. Wir sind alle zugleich dieselben und auch jemand anderes. So erscheinen mir die Orientierungspunkte, die ich in meinem Gedächtnis bewahrt hatte, nun recht lachhaft. Ich habe Fremde vor mir, die ich kenne.

Als ich an einem schönen, sonnigen Samstag am Chambon-See ankam, hatte ich das Gefühl, nicht mehr ganz derselbe zu sein: ich habe acht Monate Militärdienst im Gehirn. Die Universität scheint mir sehr weit, im Nebel; der intellektuelle Diskurs erscheint mir aufgeblasen und irritiert mich ein wenig (in diesem Augenblick verteidige ich mich gegen ein System, von dem ich zwangsweise ausgeschlossen, von dem man mich ausgeschlossen hat, die Kontakte sind radikal abgebrochen, und von dem ich mich ausgeschlossen habe, die Fakultät ist als Ort für mich nicht mehr möglich, ich habe dort nichts mehr zu suchen), und um die Bildung mache ich mir keine besonderen Sorgen in meinem Leben.

Dennoch komme ich.

Seit acht Monaten kenne ich keine Ungewißheiten mehr. Gewiß, ich habe auch keine Gewißheiten. Ich begnüge mich mit dem Überleben. Dennoch, das militärische System verbreitet eher das „Überleben“. Wir sollen nicht denken, nicht zögern, man weiß alles vorher. Man stellt keine Fragen und noch weniger stellt man sich selbst welche.

Ich erhalte die offizielle Einladung des DFJW, an der Begegnung in der Auvergne teilzunehmen. Zuerst möchte ich nicht daran teilnehmen. Ich finde tausend Gründe, denn ich habe zweifellos Angst vor dem, was ich dort erfahren werde: den großen Zusammenbruch. Wenn ich mich weigere, in die Auvergne zu fahren, so ist es, weil ich zuallererst Angst habe, mir dort zu begegnen. Nicht ich, wie ich vor einem Jahr war, als Student, als Teilnehmer, der seinen Beitrag zur Forschung leisten konnte, sondern ich, wie ich im Augenblick bin, schlapp und vergrämt von der Militärinstitution. Dennoch sind die Dinge nicht so einfach, so klar, so radikal. Indem ich solche Adjektive benutze, messe ich die Distanz, die mich im Augenblick von dem trennt, der ich einmal war. Als ob ich nicht mehr wirklich ich wäre. Dennoch erkenne ich mich noch, auch wenn nicht mehr alles gleich ist. Ich bin derselbe, aber so anders.

Die Militärinstitution hat mich nicht zu einem Nichts reduziert. Paradoxerweise hat sie in mir Empfindungen, Gefühle, Eindrücke und auch Ängste (wieder) belebt, von denen ich nichts wußte.

Acht Monate Militärdienst haben tief im Eisberg verborgene Seiten aufgedeckt, solche, die man nicht zur Schau stellt, die man in sein Innerstes zurückgedrängt hat und die man die anderen niemals sehen läßt.

Wenn sich bilden heißt, sich eine Form zu geben, dann habe ich, indem ich mich an den schwindelerregenden Mauern des Freiheitsverlustes und der Freiheitsberaubung stieß, das Bild deformiert, das mir bisher zu sehen gefiel, um eine andere Form anzunehmen, die zugleich ähnlich und unterschiedlich ist.

Man versucht, die Teile zusammenzukleben. Aber das einheitliche Bild existiert nicht mehr, es hat sich in einen Schwall von verzerrten und nicht greifbaren Details verwandelt.

Vom ersten Tag an muß man kämpfen, täglich, in allen Situationen, nicht zurückweichen, sich nicht von dem herrschenden Diskurs mitreißen lassen, um sich selbst wiederzufinden.

Acht Monate im einsamen Kampf, einer Situation ausgesetzt, der ich mich nicht entziehen kann, lerne ich sehr viel über mich selbst. Meine Fähigkeiten, meine Schwächen. Ich kann die wahre Tragweite dieser erzwungenen, aber gelebten und ertragenen Lehre noch nicht abschätzen, sie hat zu einer Bereicherung auf dem Gebiet der Selbst-Bildung beigetragen. In dem unablässigen Kampf, um seine Identität wiederzufinden, muß man oft schnell und instinktiv handeln. Gut oder schlecht? Die Entscheidung kann im nachhinein analysiert werden, aufgrund ihrer Auswirkungen.

Der Instinkt ist ein Sinn, der sich in der Militärinstitution entwickelt. Angst vor dem Feind, Angst vor dem Identitätsverlust, Angst vor dem Tod. Der Professor Henri Laborit[20] hat die Ähnlichkeit zwischen dem tierischen und dem menschlichen Verhalten aufgezeigt. Der Kampf um das Überleben gibt in der Natur nur zu zwei Verhaltensformen Anlaß: Kampf oder Flucht. In einer Kaserne ist es unmöglich zu fliehen, also bleibt nur der Kampf oder der Tod, der manchmal nur symbolisch ist.

20 H. Laborit, L'agressivité détournée, Edition 10/18.

Gewiß habe ich mir niemals die Zeit genommen, darüber nachzudenken, was sich in mir gebildet oder verbildet hat während dieser langen Monate. Keine Reflexion wie an der Universität. Aber die Selbst-Bildung hat mich begleitet. Eine Bildung ohne Pädagogen, ohne Erziehungssystem, aber ununterbrochen, jeden Tag, in Ereignissen, die eigentlich bedeutungslos scheinen. Das ist es, was Gaston Pineau die „außerinstitutionelle Grauzone des Lernens" („formation nocturne") nennt.[21]

So ist auch meine Anwesenheit am Chambon-See nicht zufällig. Übrigens, ich kann nur über 16 Tage Freiheit im Jahr verfügen, ich benutze fünf davon, um zu der Begegnung zu fahren.

Ich komme.

---

21 G. Pineau/Marie-Michèle: Produire sa vie: autoformation et autobiographie, EDELIG, Editions Saint-Martin.

Kapitel III
Die Methoden („dispositifs“) der Animation: Darstellung und Reflexion

I. Theoretische Einführung

Florence Giust-Desprairies

In diesem Teil stellen wir eine Anzahl von Animationsmethoden (dispositifs)[22] vor, die im Lauf der verschiedenen Begegnungen sei es von den Teamern, sei es von den Teilnehmern selbst erarbeitet wurden. Wir haben in dem analytischen Teil bereits die eine oder andere Methode aufgegriffen, um einzelne Aussagen zu erhellen oder zu illustrieren.

Wir beabsichtigen nun, die Methoden unter dem Gesichtspunkt des Interesses für die praktische Arbeit mit Begegnungsgruppen zu betrachten, gewisse Arbeitsweisen und ihre mögliche Verwendung kennenzulernen, aber auch um sich in der konkreten Bildungsarbeit an einer Reflexion über den Stellenwert, den Sinn, die Wirkungen der Methoden beteiligen zu können.

Zu Beginn geben wir eine erste Definition, die in der Folge durch die Erkundung weiterer Fragen verfeinert wird, die unweigerlich mit dem Begriff „dispositif“ aufgeworfen werden.

Die Methode (dispositif) ist ein Mittel, ein „Setting“, eine Vorgehensweise, eine Art, in der man etwas anfängt, um zu einem bestimmten Resultat zu gelangen. Intentionen fügen sich darin zu einem kohärenten Ganzen, zur praktischen Arbeitsweise, welche die Entwicklung in einer Gruppensituation bedingt und die Beziehungen zwischen den Gruppenmitgliedern steuert.

Auch wird ein „dispositif“ von den professionellen Praktiken und Modellen beeinflußt, die dem Ausbilder als Rahmen dienen, um das Zusammenspiel von Menschen wirksam werden zu lassen und ihre Beziehungen zu strukturieren.

---

22 Anmerkung der Herausgeber
Der Begriff „dispositif“ stammt ursprünglich aus der Rechtssprache und bedeutet hier „Verfügung“, „Anordnung“ eines Gerichts. Der Begriff wird in verallgemeinerter und abgeschwächter Bedeutung auch in pädagogischen Zusammenhängen verwendet. Er ist Sammelbegriff für die Funktionsweise, die Eigenlogik von beabsichtigten und faktisch wirksamen Strukturierungen einer pädagogischen Situation, unabhängig davon, ob die Wirkung der Absicht genau entspricht oder nicht. Eine Wandtafel oder die Sitzordnung einer Klasse kann in diesem Sinn genauso Form eines „dispositif“ sein wie ein Themenvorschlag oder eine gemeinsame Aktivität.

In einer Bildungs- oder Forschungssituation wie der unsrigen, ist es möglich, Arbeitsmethoden nach unterschiedlichen Typen zu unterscheiden:

a) Methoden mit pädagogischen Zielen

Es handelt sich um Mittel, die angewandt werden, um der Gruppe zu erlauben, neue Fertigkeiten zu erwerben oder eine Erfahrung zu durchlaufen, die neue Kenntnisse verspricht (eine bessere Kenntnis von sich selbst, den anderen, von bestimmten Phänomenen, etc.). Zum Beispiel Übungen zur Verständigung mit fremdsprachigen Partnern.

b) Methoden mit analytischen Zielen

Diese Arbeitsmethoden dienen dem Ziel, Verhaltensweisen, Diskurse, Repräsentationen hervorkommen zu lassen und deren Bedeutungen freizulegen, und zwar zum Zweck der Verdeutlichung, der Bewußtwerdung und der Individuation.

c) Methoden mit entwicklungsfördernden Zielen

Diese Arbeitsmethoden, wie z.B. die in der Gestaltpädagogik verwendeten, dienen dem Ziel, einzelne Bewegungen oder Momente der Gruppe oder von Gruppenmitgliedern zu begleiten und im gewünschten Sinn zu fördern.

Es sei jedoch klargestellt, daß die Trennung zwischen den verschiedenen „dispositifs" nicht absolut ist. Denn es ist möglich, in jedem Arrangement eine pädagogische Dimension zu sehen: die Analyse kann in einer gruppendynamischen Begleitung enthalten sein, und faktisch fordert jede Arbeitsmethode dazu auf, Erfahrungen zu machen.

Aber diese Typologie ermöglicht uns, gleichzeitig die Besonderheit der verschiedenen Praktiken zu erfassen und jene Probleme besser zu verstehen, die durch die unterschiedlichen Ansätze aufgeworfen wurden.

Überdies bezeichnen wir einige Arbeitsmethoden, als „Umleitungen" (dispositifs dérivés). Diese erscheinen im Verlauf von konstruierten Situationen als Abweichungen vom vorgesehenen Arrangement. Nicht selten, verwandelt sich eine pädagogisch-orientierte Arbeitsmethode in eine analytische Arbeitsweise (nach dem Motto: „Störungen haben Vorrang"). Diese Verschiebung hin zur Analyse scheint die häufigste: die Schwierigkeiten oder die Unmöglichkeiten, eine Arbeitsmethode durchzuhalten, führen zu Abweichung von dem, was geplant ist, so daß sich die Frage nach einer Verschiebung stellen muß. Und diese Frage bringt die Gruppe dann dazu, von der „Logik des Tuns" zur Praxis der Analyse überzugehen.

Schließlich kann man im weiteren Sinne als „informelle Bildungstechniken“ alle jene Praktiken betrachten, die nicht ausdrücklich zu bestimmten Zwecken organisiert werden und die von einer zur anderen Gruppe variieren, wie die Entscheidung, sich zu duzen, alle zusammen zu essen, etc. Das Hinterfragen dieser Praktiken kann sich als entscheidend herausstellen, um die Normen, die Verbote und die Schwierigkeiten einer Gruppe zu erfassen.

Im Verlauf unserer Forschung wurde z.B. jeder Versuch des Teams, sich allein zu treffen, schlecht toleriert, einschließlich von den Verantwortlichen selbst, die hierdurch ihre Loyalität gegenüber einer Norm der Gesamtgruppe demonstrierten.

Wir verdeutlichen die Enstehung bzw. den Gebrauch solcher Methoden (dispositifs) i.w.S. am Beispiel der Selbstorganisation des Projektplenums.

Das Plenum trat immer mit einem gewissen Unbehagen zusammen. Einige waren sich darin einig, daß in diesem Unbehagen nicht näher gekennzeichnete Blockierungen zum Ausdruck kommen.

Davon ausgehend, schlägt eine Untergruppe vor, mit Freiwilligen eine Arbeitsgruppe zu bilden, die diese Hemmungen erkunden möchte.

Wenn das Ziel auch relativ präzise formuliert ist, so bleiben die Vorgehensweisen doch offen. Es geht der Gruppe darum, Mittel zu finden (durch den Körper, durch kleine Szenen, durch die Mimik, durch Rollenspiele oder anderes), die es ermöglichen könnten, diese Blockierungen zum Ausdruck zu bringen.

Am Anfang der Arbeit gibt es keine Direktivität, keinen Animateur im eigentlichen Sinn. Es handelt sich um einen kollektiven Vorschlag, und jeder stellt ausgehend von der ursprünglichen Problemstellung Überlegungen an.

Bei der Suche nach den Modalitäten, um ihr Vorhaben zu realisieren, sieht sich die Gruppe einem weiten, unbestimmten Feld, voll von Ungewißheiten konfrontiert. So verbreitet sich anfangs ein offenes, aber ein wenig gehemmtes Klima, in dem ein gewisses Unbehagen zu spüren ist. Um mit diesem Klima in der Gruppe zu brechen, schlägt ein Teilnehmer (übrigens einer der Forscher) eine ausgearbeitete Technik („dispositif construit“) vor:

Jeder Teilnehmer soll mit dem Ausdruck einer Blockierung, so wie er sie hier und jetzt empfindet, in Szene treten, indem er eine Geste improvisiert, die von der Gruppe wiederaufgenommen wird. Durch die Visualisierung seiner Geste, die von der Gruppe wiederholt wird, versucht die Person, für ihre Hemmung einen körperlichen Ausweg zu finden.

Diese Methode strukturiert die Situation und orientiert die Arbeit hin zum individuellen Ausdruck der Blockierung. Allerdings stellt diese Orientierung nicht alle zufrieden, einige ziehen sich zurück, andere bleiben in der Gruppe, aber über die Art und Weise, die Animation an sich zu ziehen und ihre Orientierung hin zu einer ausgearbeiteten Methode der Gestalttheorie, wird nichts gesagt.

Bei der Umsetzung in die Praxis wird eine – offensichtlich verärgerte – Teilnehmerin, die sowohl dem Forscherteam als auch jener Gruppe angehört, die diese Arbeit über die Blockierungen initiiert hat, vom Moderator aufgefordert, eine Geste zu improvisieren. Sie betritt die Szene und schreit laut „nein", während sie gleichzeitig mit beiden Händen einen imaginären Feind zurückstößt.

Die Teilnehmerin, deren Ärger sich verfrüht an der als direktiv verstandenen Ausrichtung entzündet hat, schreit damit ihre Ablehnung heraus, und indem sie ihre innere Spannung zum Ausdruck bringt, stimmt sie ipso facto der Methode zu. In der Folge nimmt sie an der Entwicklung dieser Arbeit teil, ohne noch zu protestieren.

Diese Situation ist in vielfacher Hinsicht interessant:

Erstens zeigt sie, daß jedes „dispositif" das, was die Gruppe hervorbringt, für sich „verwertet". Tatsächlich entstehen ihre Ergebnisse unter auferlegten Bedingungen, denn es geht ja darum, Material zusammenzustellen, das dem vorgeschlagenen Rahmen entspricht.

Wenn nun diese Prozesse dem Einsatz einer Methode selbst inhärent sind und die Voraussetzung für Ausdrucksmöglichkeiten darstellen, dann enthalten sie aber auch gewisse Klippen. Mit der Einladung zu einem reglementierten Ausdruck integriert diese Methode selbst die Infragestellung des von ihr gebotenen Rahmens. So wird der Ärger der Teilnehmerin, statt außerhalb der Methode zum Ausdruck zu kommen und damit das zu bewahren, was er ursprünglich transportierte (die vorgenommene Orientierung in Frage zu stellen), innerhalb des Arrangements selbst ausgedrückt, mehr noch, benutzt die von ihm vorgezeichneten Wege und löst sich somit völlig auf.

Diese hier als exemplarisch dargestellte Situation läßt uns erkennen, wie sehr jede Animation, jede Wahl, die wir in Bildungssituationen treffen, unausweichlich auch Machtausübung beinhaltet.

Wenn jede Einrichtung einer Arbeitsmethode eine offensichtliche Inszenierung von Macht ist, ist es zweitens wichtig, gegenüber dem, was bei der Machtausübung in den Beziehungen zwischen Ausbildern und Teilnehmern auf dem Spiel steht, sensibel zu bleiben. Anders ausgedrückt, dürfen u.E. die Wirkungen der Methode nicht nur von innen heraus mit Hilfe der ihr eigenen Kodifizierungen analysiert werden, sondern auch von außen. In die Analyse müssen auch die äußeren Einflußfaktoren einbezogen werden, die auf die Situation einwirken, „diese Kraftlinien, die von außen kommen, im Inneren präsent sind, die sein Schicksal bestimmen, ohne daß er sich dessen bewußt wird."[23] (die Bedingungen, unter denen die Methode verwirklicht wird, ihre Auswirkungen auf die psychosoziale Dimension der Gruppe, etc.).

23 Felix GUATTARI, Psychanalyse et transversalité, Paris, Edition Maspéro, 1972.

In unserem Beispiel wurde die eher politische Dimension der Gruppensituation, d.h. des sehr konkreten Systems der Machtausübung in der gegebenen Situation, durch eine Vorgehensweise lahmgelegt, die auf die individuelle Dimension ausgerichtet war. Oder anders: die individualisierende und körperbezogene Ausrichtung der Methode läßt in gewisser Weise die Gruppensituation in den Hintergrund treten, die ausgehend von der ursprünglichen Problemstellung gebildet wurde: ein Unbehagen/eine Hemmung, die sich in der kleinen Gruppe wiederholten.

Doch es geht nicht darum zu entscheiden, welches die angemessenste Methode ist. Jede Methode ist Gegenstand einer Entscheidung, die andere Methoden ausschließt, und die vorgeschlagene Übung behält durchaus ihre Gültigkeit für die Behandlung des genannten Themas.

Ein dritter Gedanke im Zusammenhang mit dieser Arbeit betrifft die Wirkungen der Animation. Der Kontext dieser – in unserem Beispiel auf Vorschlag einer Untergruppe – unternommenen Arbeit über die Hemmungen war gewollt offen für Kreativität: es gab keinen im voraus ernannten Animateur, keine definierten Regeln, lediglich einige Ideen wurden geäußert.

In einer relativ unbestimmten Situation entsteht zunächst ein Unbehagen, eine gewisse Leere, eine Erwartungshaltung. Uns erscheint diese Phase, auch wenn sie natürlich immer etwas ungemütlich ist, doch notwendig zu sein, damit etwas daraus zutagetreten kann. Man kann feststellen, daß Teamer diesen Übergang oft nur schlecht ertragen und nicht umhin können, eine ausgearbeitete Methode („dispositif construit") vorzuschlagen, die aber, selbst wenn sie kurzfristig Erleichterung verschafft, auch wieder verschließen kann, was sich gerade zu öffnen begann.

Die Frage ist nicht einfach, denn die Gruppe kann zu gewissen Zeitpunkten nicht in der Lage sein, die Unruhe zu ertragen, die durch diese Offenheit hervorgerufen wird, und der Teamer muß den Spielraum abschätzen können, über den er verfügt.

Dennoch muß man wissen, daß die Position der Teilnehmer immer ambivalent ist und daß sie oft, selbst wenn sie daran interessiert sind, neue Erfahrungen zu machen, doch gleichzeitig auch (häufig unausgesprochen) die Leiter bitten, die Verantwortung für sie zu übernehmen. Indem ein Teamer/Gruppenleiter zu schnell darauf eingeht, gibt er der Sicherheit den Vorrang vor einem „instituierenden" Vorgehen, das dazu geeignet wäre, etwas Neues in der Praxis hervorzubringen.

Bei der Analyse des „Settings" zur Bearbeitung der Blockierung im Plenum, stellten wir heraus, daß die Hemmung zum Teil an den Widersprüchen und Konflikten in der Forschergruppe hinsichtlich der Animation lag. Verdeckte Verschiebungen von Konflikten aus dem Team auf die Gruppe sind häufig zu beobachten.

Man kann im übrigen der Meinung sein, daß jede Methode, wenn sie einmal „gelaufen" ist, Gelegenheit zum Dechiffrieren der Gruppendynamik geben kann. Ihre Veränderungen in der Verwendung können als genau die Schlüssel zum Verständnis dessen begriffen werden, was in dieser Dynamik gerade auf dem Spiel steht.

Gehen wir aber über dieses Beispiel hinaus, um die Frage nach den Methoden zu vertiefen. Diese Frage war natürlich auch deshalb im Mittelpunkt unserer Arbeit, weil wir unterschiedliche Methodenrepertoires mit jeweils spezifischen Bezugssystemen hatten. Die Betrachtung der von den anderen angewandten Methoden gab zu Auseinandersetzungen Anlaß, die uns den unabwendbaren Charakter der damit verbundenen Konflikte verdeutlichten. Wenn der Bezugsrahmen die gesamte Methode einfärbt, hängt darüber hinaus die Effizienz des Diskurses, der gehalten wird, genau von der Kapazität des „dispositif" ab, zusammenzuführen und zu homogenisieren.

Außerdem sind Antagonismen im Verhältnis der „pädagogischen" oder begleitenden Methoden und der „analytischen" Methoden offensichtlich geworden. Es ist möglich, diese Unvereinbarkeiten zu verstehen, indem man die Gegensätzlichkeiten auf der Ebene der in diesen Situationen erforderlichen Prozesse erkundet.

So konnten Methoden, die einen Prozeß der Verstärkung einer bestimmten Gruppendynamik förderten, von den einen als Träger bestimmter Illusionen betrachtet werden. Umgekehrt konnten Methoden, die das Hinterfragen bevorzugten, von den anderen als die Identität der Gruppe destabilisierend wahrgenommen werden.

Wenn außerdem Methoden, die auf denselben Ansatz bezogen sind, regelmäßig verwendet werden, wird eine doppelte Wirkung erzielt: die Methode wird institutionalisiert, und sie gibt dafür, wenn sie erstarrt ist, kontinuierlich auch gewisse Botschaften weiter. Ausbilder und Teilnehmer sind in gleicher Weise von diesem Prozeß betroffen: dadurch, daß die Vorannahmen des Ansatzes nicht mehr formuliert werden müssen, werden sie selbstverständlich und vertraut und in ihren Wirkungen teilweise unsichtbar.

So hat sich im Lauf der Forschung für einige die Frage gestellt, ob Methoden mit Schwerpunkt auf den Körper nicht ein verstärktes Bestreben nach Verschmelzung zur Folge haben, indem sie eine „verfrühte Verbrüderung" herstellen, und ob sie nicht problematischere Dimensionen in der Gruppe verschleiern.

Weit davon entfernt, neutral zu sein, senden die Methoden also Botschaften aus, die gleichzeitig organisierte Informationen, Interpretationen individueller oder kollektiver Erfahrungen, Wahrnehmungsmuster und Stimulierungen für bestimmte Persönlichkeitsmodelle übermitteln können. Deshalb müssen Gruppenleiter, so gut sie können, darüber wachen, die Intentionen der von ihnen benutzten Methoden freizulegen.

Aber dies ist wirklich keine einfache Frage, denn die Methode selbst ist ein Einflußsystem, ein Ort, an dem gewisse Repräsentationen auftauchen und verbreitet werden, sei es, indem deren Verinnerlichung erleichtert wird, sei es, indem sie in einem spezifischen Gefüge objektiviert werden. Ein notwendiges oder ein schädliches Einflußsystem, je nach Standpunkt.

So betrachten einige von uns solche Methoden als defensiv, die sich einer Arbeit widersetzten, die der Verdeutlichung und der Analyse dient. Dagegen sahen andere in den analytischen Methoden Widerstände, sich auf eine Gruppenerfahrung einzulassen.

Um der Reduktion des Analysebereiches und der Ausweitung eines bevorzugten Bezugssystems entgegenzuwirken, ist ein multidimensionaler Ansatz („multi-référentielle“) wichtig. Er besteht darin, eine Situation unter ihren verschiedenen Aspekten zu analysieren und zu verstehen, und ist von einem theoretischen Standpunkt aus zufriedenstellender. Aber er stellt uns vor andere Probleme bei der direkten Beobachtung und „Diagnose“. Denn wie soll man in derselben Situation verschiedene Regelsysteme, die den Gebrauch unterschiedlicher Bezüge voraussetzen, nebeneinander existieren lassen?

Damit in den von der Methode geschaffenen Rahmen als Ort für das von ihr erwartete Resultat investiert werden kann, muß er zuverlässig sein. Seine Aushöhlung oder Nicht-Respektierung sind in der Erarbeitungsphase nachteilig. Andererseits immunisiert eine zu große Unterordnung unter eine Methode vor den Widersprüchen, der Komplexität und den Bedrohungen der äußeren Welt. Wie sind diese beiden Standpunkte miteinander vereinbar?

Auf diesem Drahtseil haben wir recht häufig versucht, das Gleichgewicht zu bewahren. Es war eine konflikthaltige und sehr interessante Erfahrung, die jeden einzelnen an die Grenzen seines eigenen „harten Kerns“ trieb. Die Teilnehmer wurden in diesem Unternehmen oft genug durcheinandergebracht, sie waren paradoxalen Situationen ausgesetzt oder aufgefordert, an Experimenten teilzunehmen, mit denen in unterschiedlichster Weise umgegangen wurde, mit dem Ergebnis, den Ablauf manchmal aufzuheben oder gar zu widerlegen. Wir durchliefen so die Risiken der Forschung, indem wir Probleme nicht umgingen und indem wir die Grenzen unserer Erfahrungen, unserer Reflexionen verschoben.

Gleichwohl ließ diese Über-Animation wenig Platz für die Erkundung und die Analyse der Übertragung und der Gegenübertragung des Forschers oder seiner Verstrickungen, Verflechtungen, Betroffenheit, Einbezogenheit („implication“). Dies erklärt sich aus den in der Forschung selbst angelegten widersprüchlichen und unbeständigen Anregungen und Regeln.

Bevor wir hier abschließen, doch noch einige Worte zu diesem Thema. Das Material, das innerhalb einer Methode zusammengetragen wird, schließt auch das ein, was sich zwischen dem Individuum und dem Forscher, zwischen der Gruppe und dem Forscher abspielt. Bei Anwendung derselben Methode können die Spiele und Einsätze je nach Leiter und Gruppe sehr unterschiedlich sein.

Das anfängliche Akzeptieren der Regeln, die Zustimmung a priori zum Referenzsystem des Leiters sind die wesentlichen Grundlagen für eine nicht hinterfragte Übertragung. Der Verlauf der Erfahrung bringt insbesonders Identifikations- und Verinnerlichungsprozesse hervor, die nicht mit den ersten genannten zu verwechseln sind und die man bearbeiten muß.

Die Frage nach den Widerständen gegen eine Methode und nach ihrer Bearbeitung, ist ebenfalls ausschlaggebend. Sie kann nur ausgehend von den theoretischen und existentiellen Positionen des Leiters betrachtet werden. Dieser aber muß der Analyse seiner Wünsche in der gegebenen Situation besondere Aufmerksamkeit zuwenden, jener Wünsche, die nicht nur auf theoretische und ideologische Zugehörigkeiten reduziert werden können, sondern jenen Teil des ‚Selbst' betreffen, der, jenseits der Beobachtung und der Forschung, in der Erfahrung liegt.

Wenn schließlich der von einer Methode geschaffene Rahmen ein Ort ist, an dem man sich emotional einbringen kann, kann man die Wirkungen des Rahmens und die Übertragung auf den Leiter, weil sie gleichzeitig ablaufen, nicht voneinander trennen, ohne zu riskieren, daß man den Rahmen zum Fetisch erhebt.

II. Beispiele für angewandte Methoden

Die folgenden Beispiele sind nicht als in beliebigen Begegnungsprogrammen anwendbare Methodenrezepte gedacht. Sie sind im spezifischen Kontext unseres Projektes entstanden und sind Produkt besonderer Kompetenzen, die von Teilnehmer/innen dieses Projektes eingebracht wurden. Sie sollen nur als Beispiele zeigen, wie solche eingebrachten Ideen und Kompetenzen als Medium interkultureller Arbeit genutzt werden können. In anderen Programmen, mit anderen Teilnehmer/innen und anderen Voraussetzungen werden notwendig auch die pädagogischen Arbeitsformen anders aussehen müssen. Uns kommt nur darauf an, an diesen Einzelbeispielen zu zeigen, wie sich aus konkreten Bedingungen, Fähigkeiten und Interessenlagen einer interkulturellen Begegnung auch fruchtbare Arbeitsformen entwickeln können.

a) Sprachpsychologische Inszenierungen

Diese Methode hat zum Ziel, die Interaktion zwischen dem Ich und dem *Fremden* mit den Mitteln der Sprache und des Ausdrucks zu fördern.

Es findet eine Arbeit *über* und *mit* der Sprache des *Anderen* statt. Es ist der Zugang zu einem anderen Code und zu einer unbekannten Kultur. Der Spracherwerb stellt nicht den Mittelpunkt dieser Arbeitsmethode dar. Im übrigen zählt die Beherrschung der Sprache wenig. In einer solchen Arbeitsgruppe wird die Erkundung der emotionalen Elemente der Sprache des anderen vorgeschlagen. Es geht darum, diese zu erfassen, zu fühlen und zu leben.

Den äußeren Rahmen bilden die beiden anwesenden Nationalitäten. Die Methode erleichtert die gegenseitige Annäherung und den Austausch. Erste deutsche Worte der Franzosen, erste frankophone Schritte der Deutschen.

Bei dieser Arbeitsmethode werden drei unterschiedliche Phasen in Szene gesetzt. Der Teamer sitzt hinter einem Teilnehmer im Zentrum der Gruppe. Er/sie stellt sein/ihr „Double" dar. Ein Körperkontakt entsteht zwischen den beiden Beteiligten. Das „Double" nimmt den Körperausdruck des Teilnehmers auf, indem er seine Haltung nachahmt, dann stellt er sich nach und nach auf seine Atmung ein. Er versucht nachzuempfinden, was im Kopf des Teilnehmers vor sich geht, und beginnt, einige kurze gesprochene Sequenzen in sein Ohr zu murmeln, die der andere hören und dann wiederholen muß. Nach dieser Anpassungsphase versucht der Animateur, durch seine eigene intuitive Analyse die inneren Gefühle und Empfindungen des Teilnehmers widerzuspiegeln. In der ersten Phase trägt der Teilnehmer eine vollständige Maske, deren Augen und Mund verschlossen sind. Die Dunkelheit, die ihn umgibt, fördert die Aneignung, die Konzentration und die Tiefe. Er gibt sich damit zufrieden, dem zuzuhören, was gesagt wird. Die Maske gibt ihm Sicherheit, indem sie eine Schutzbarriere zwischen ihm als Beteiligten und der Gruppe errichtet, die ihn umgibt.

Die zweite Phase bedeut gegenüber der ersten einen Fortschritt. Der Teilnehmer trägt jetzt nur noch eine Halbmaske, die nur noch geschlossene Augen aufweist. Auf die von seinem „Double" gesprochenen Sequenzen muß er antworten, indem er diese wiederholt.

In der letzten Phase wird genauso vorgegangen, nur daß die Halbmaske nun geöffnete Augen hat. Der Teilnehmer ist in Blick-Kontakt mit der Gruppe. Er sieht und wird gesehen. Die kurzen Sätze des „Double" werden länger. Das Sprechtempo wird schneller.

Jedes Mitglied der Gruppe wird Teilnehmer („Beteiligter"), bald in der einen Sprache, dann in der anderen. Einem zweisprachigen Animateur wird empfohlen, in seiner Muttersprache zu arbeiten.

Man kann eine Variante dieser Methode anwenden, die aus der Dynamik der Gruppe entstanden ist.

Dabei werden die Masken aufgegeben. Wir befinden uns bereits in der dritten Phase.

Die Variante setzt zwei Teilnehmer in Szene, die nicht dieselbe Sprache sprechen, und hinter ihnen zwei Animateure. Die Anweisungen sind dieselben: wiederholen lassen, zuhören. Dennoch wird ein wahrhaftiger Dialog hervorgebracht. Die Teilnehmer, denen die Animateure helfen, tauschen sich von Angesicht zu Angesicht in der Sprache des anderen aus.

Hier wird der Spontanität der Äußerung vor einer kohärenten, aber zu langen Reflexion der Vorrang eingeräumt. Die Modulation der Stimmen, Intonationen, Rhythmen sind Bestandteil dieser Methode.

Die Wirkungen

Zwei Vorgehensweisen werden mit dieser Methode bewirkt:

- man tritt mit dem Mittel der Sprache in die Kultur des anderen ein. Das ist der Beginn eines Weges hin zum *Fremden*, ein Entdeckungsprozeß wird ausgelöst. Sich in der Sprache des anderen auszudrücken, heißt auch zu bestätigen, daß er existiert, ihn anzuerkennen.
- der *Fremde* ist nicht nur außerhalb von uns. Die Methode bringt den Fremden hervor, der in uns wohnt. Die Versprecher in einer Sprache, von der man nichts weiß, ergeben dennoch in der Situation einen Sinn, als ob wir alle Sprachen („langages") beherrschten.

Diese Methode lädt ein zu einer Reise in uns selbst. Als Illustration seien hier einige Auszüge aus dem von einem der Teilnehmer geschriebenen Bericht wiedergegeben:

> „Ich tauchte in einem Loch, im Morast des Unbewußten, und stieg mein Innenleben empor. Diese Stimme, dieses Gesprochene, ich hatte es schon gehört. Ich verstand natürlich nichts, aber es traf in mir auf einen ursprünglichen Kern, der mein ich ausmacht, der mein ich ist."

b) Arbeitsgruppe „Lebensgeschichten"

Hierbei handelt es sich um eine Methode der Geisteswissenschaften, die sich auf die persönliche Geschichte des Individuums stützt, deren Verlauf vom Forscher mit Hilfe einer ganzen Reihe von non-direktiven Gesprächen freigelegt wird.

Das Ziel einer Arbeitsgruppe „Lebensgeschichten" besteht im Zusammentragen dieser scheinbar vereinzelten Erfahrungen, die aber zu einem bestimmten Zeitpunkt in Bezug zu anderen einen Sinn ergeben, denn sie sind ineinander verschachtelt, verbinden sich miteinander und durchdringen sich gegenseitig, weil die Motivationen sich auf einen einheitlichen Gegenstand beziehen. Die Erzählung des persönlichen Lebens erhält durch die Arbeitsgruppe eine kollektive Dimension, was die Auseinandersetzung fördert. Man könnte das Ziel dieser Methode in folgender Formel zusammenfassen: lernen, sich zu bilden, indem man seine eigene Geschichte in und durch den interkulturellen Austausch verstehen lernt.

Diese Arbeitsmethode verläuft in drei Etappen:

- *Die Vorstellung der Arbeitsgruppe sowie der Erzählungsleitfäden und -ebenen als Mittel.*

1. Ebene: die *Tatsachen*
Sie erlaubt, gelebte (ertragene) Ereignisse aufzuspüren, seien es:

- kollektive
- familiäre
- individuelle,

sowie die Orte, die man durchquert, und die Personen, die man getroffen hat.

2. Ebene: die *Einflußsphären*

– persönliche Sphäre	Körper Emotionen Sexualität
– soziale Sphäre	Schule Beruf Freizeitaktivitäten
– ideologische Sphäre	persönliche Werte intellektuelle Zugehörigkeiten Glaubenshaltungen (Religionen...)

3. Ebene: das *Handeln*: das Selbst als Autor seines Schicksals

– persönliche Handlungen	Trennungen und Brüche
– persönliche Ergebnisse	Kontinuitäten

- *Eine zweite Etappe wird der gemeinsamen Verarbeitung in Gruppen gewidmet.*

Es werden kleine Gruppem (3, 4 Personen) gebildet, in denen jeder den anderen seine Erzählung offenbart. Diese Phase ist für den Austausch und die Befragung bestimmt. Die anderen sind bereit zuzuhören. Sie haben eine Spiegel-Funktion.

Das Zuhören vollzieht sich in drei Stadien:

- Man hört sich die Tatsachen an.
- Man versucht, beim Zuhören zu verstehen und zu interpretieren, indem man Aussagen neu formuliert, zusammenfaßt und Fragen stellt.

- Man bezieht beim Zuhören und Verstehen die Geschichte des anderen auf die eigene: man lauscht dem Echo, das in einem selbst nachschwingt; die Entwicklung des anderen fordert dazu auf.

- *Die dritte Etappe dient der Formulierung.*

Mit Hilfe der vorangegangenen Arbeit widmet sich nun jeder Teilnehmer der Niederschrift seiner Lebenserzählung, ein Material, das später noch einmal bearbeitet wird. Die Schwierigkeiten, auf die man dabei gestoßen ist, eine Analyse dieser Arbeitsmethode, Kritik und Austausch über ihren Inhalt und ihre Form, dies alles wird in dieser Phase ebenfalls zum Ausdruck gebracht.

Aufgrund der großen Dichte dieser Methode benötigt man einerseits viel Zeit (mehrere Sitzungen) und andererseits die Zustimmung eines jeden Teilnehmers zu einer Art von „Sozialvertrag". Wenn er sich einmal für diese Arbeitsgruppe entschließt, darf er weder davon zurücktreten noch ihre Struktur grundsätzlich in Zweifel ziehen.

Wenn man eine Arbeitsgruppe für einen längeren Zeitraum plant, muß man akzeptieren, daß die Dynamik der Gruppe selbst Bedeutung erlangt. Man kann dem nicht entgehen. Alles, was die Gruppe an Repräsentationen, Emotionen, Widerständen und Imaginärem mit sich führt, wird sich unweigerlich auf die Arbeitsmethode auswirken. Hinzu kommt, daß im Licht des Interkulturellen die Selbstbetrachtung, welche von dieser Methode favorisiert wird, hinreichend induziert, daß die Gruppe von den Notwendigkeiten des Augenblicks durchdrungen wird.

Die Frage nach den kollektiven Ereignissen, die von den Mitgliedern einer deutsch-französischen Gruppe durchlebt worden sind, setzt wieder die kriegerischen Konflikte in Szene, die zwischen den beiden Nationen unablässig stattgefunden haben. Daher entwickelt sich die Dynamik der Gruppe hin zu einer Methode, die es möglich macht, all das zum Vorschein zu bringen, was bislang über diese Periode verdrängt worden ist.

c) Das Spiel des „Guru“

René Barbier

Es handelt sich um eine Methode, die ich voll und ganz im Zusammenhang mit den Ereignissen während der Begegnung einer deutsch-französischen Forschungsgruppe in Freiburg improvisiert habe, die sich mit dem Thema beschäftigte, „was heißt sich-bilden in einem interkulturellen Kontext“. Wir haben diese Methode anschließend mehrere Male eingesetzt und aufgrund der konstruktiven Kritiken verbessert. Die Gesamtheit der Teilnehmer war von dem existentiellen Reichtum dieses Spiels sehr beeindruckt. Ich werde hier versuchen, es ein wenig stärker zu systematisieren und die problematischen Punkte herauszuarbeiten.

– Die allgemeine Problematik des Spiels

Es handelt sich um ein „Rollenspiel“, dessen Struktur der spirituellen Tradition entliehen ist, wie sie im Orient in der Beziehung zwischen Lehrer und Schüler zum Ausdruck kommt.

Ich bin oft von der Tiefe der Antworten beeindruckt, die ein Lehrer der Weisheit seinen ratlosen Gesprächspartnern vorschlagen konnte. Ich erinnere mich an zahlreiche Dialoge: von Ramana Maharshi, Ramakrischna, Aurobindo, Vivekananda, Sri Ramdas, Muktananda, Sri Rajnesch, Prajnanpad (und seines Schülers A. Desjardins), von Taison Suzuki und von so vielen anderen buddhistischen, taoistischen, sufistischen Lehrern etc.

In diesen Traditionen ist das „Wort“ des Lehrers die Wahrheit. Der Schüler erhält sie wie ein Geschenk, das ihm von einem „realisierten“ Menschen gemacht wird, d.h. einem Menschen, der die Essenz der Welt kennt. Der Lehrer versucht nicht, dem Schüler seinen Willen aufzuzwingen, oder eine wie auch immer geartete Macht über ihn auszuüben, denn von ihm wird angenommen, daß er ohne „Ego“ sei. Er antwortet spontan und intuitiv. Sein Wort wird nicht von der diskursiven Ratio getragen, auch wenn sie von einer perfekten Logik und einer unbestechlichen Einfachheit erscheint. Es ist niemals der Lehrer selbst, der spricht. Es spricht aus ihm. Der Lehrer der Weisheit im Orient findet sich immer in einen veränderten Bewußtseinszustand versunken, wie G. Lapassade dies kürzlich beschrieben hat, aber ohne eine Droge oder irgendein anderes Hilfsmittel zu benutzen.

Die Schüler respektieren und erwarten sein Wort. Dieses findet seine Legitimität in dem kulturellen Zustand der Gesellschaft, in der es hervorgebracht wurde. Niemand würde auf die Idee kommen, dieses Wort in Zweifel zu ziehen oder sich in westlicher Manier auf eine Polemik einzulassen. Der Dialog beschränkt sich fast immer auf eine Klärung der Hemmungen, die den spirituellen Ausdruck des Schülers behindern. Dieser Dialog findet im übrigen nach einem strengen Ritual statt. Man unterhält sich nicht zu irgendeinem Zeitpunkt und nicht an irgendeinem Ort mit dem Lehrer. Oft ist die Unterhaltung auch wortlos, im Schweigen. Nur die Augen sprechen („Darshan"). Der Schüler geht mit einer Anzahl von Fragen fort, die in seinem Leben Wellen schlagen lassen.

Das „Spiel des Guru" nimmt diese Struktur wieder auf, indem es von der Behauptung ausgeht, daß wir im tiefen Innern unseres Selbst alle „Buddhas" sind. Zumindest geht es darum, so zu tun als ob. Und alle Teilnehmer an diesem Spiel müssen es „ernst" nehmen und so tun „als ob".

– Das Ritual des Spieles

Die Spielstruktur

Wir stellen einen Stuhl in die Mitte von zu einem Halbkreis aufgereihten Stühlen. Diejenigen, die sich vorübergehend zu „Schülern" erklären, setzen sich auf die Stühle, während derjenige, der sich entschlossen hat, die Rolle des „Gurus" zu übernehmen, auf dem Stuhl in der Mitte Platz nimmt. Eine noch symbolhaltigere Struktur würde erreicht, wenn die „Schüler" sich auf den Boden setzten.

Der Animateur dieses Spieles (der auch als Schüler teilnehmen kann) ruft den Teilnehmern in Erinnerung, was sich in einer Lehrer/Schüler-Beziehung im Orient abspielt. Es geht darum, eine Atmosphäre von Gegenseitigkeit und Einwilligung herzustellen. Er besteht auf dem Verbot jeder Polemik. Man gibt sich damit zufrieden, dem „Guru" im Zusammenhang mit dem für die Sitzung vorgesehenen Thema eine Frage zu stellen. Alles was an die östliche Tradition erinnert, ohne übertrieben zu wirken, wird gern gesehen. Es geht darum, etwas in Szene zu setzen. Dem „Guru" werden die Augen verbunden, um ihm eine größere Konzentration und Verinnerlichung zu ermöglichen.

Der Spielablauf

Wenn dann jeder seinen Platz eingenommen hat und die Spielregeln und die ihnen zugrundeliegende Philosophie dargelegt worden sind, beginnt die Sitzung.

Der Animateur bittet jeden „Schüler", über die Frage nachzudenken, die er im Zusammenhang mit dem Thema der Sitzung stellen möchte. Der „Guru" (der aus der Gruppe der Teilnehmer stammt) versucht, seinen Kopf möglichst frei zu machen. Der Animateur erinnert ihn, daß er so spontan wie möglich antworten soll, sei es in prosaischer oder in poetischer Weise, ganz wie es ihm beliebt, aber immer kurzgefaßt und wirklich an die Person gerichtet, die ihn befragt hat. Jede Antwort ist einzigartig, selbst wenn sie eine allgemeinere Bedeutung einnehmen kann.

Dann schlägt der Animateur vor, daß eine Person ohne Zwang mit der Befragung beginnt.

Die Frage muß mit der Formulierung beginnen: „Sag mir, Lehrer der Weisheit...". Der „Guru" antwortet. Der „Schüler" stellt eventuell eine weitere Frage, dann geht man ohne weiteren Kommentar zu einem anderen Schüler über. Wenn alle Schüler ihre Fragen gestellt haben, bittet der Animateur den „Guru", seine Augenbinde abzunehmen und in der Gruppe der Schüler Platz zu nehmen. Es ist nicht empfehlenswert, über die von der Sitzung ausgelösten Empfindungen unmittelbar im Anschluß daran zu sprechen, solange nicht andere Schüler zum „Guru" geworden sind.

Dann übernimmt ein anderer Schüler die Rolle „des Guru" und eine neue Sitzung beginnt.

Es kann interessant sein, die Sitzung aufzunehmen (Einsatz eines Tonbandgerätes, oder besser noch einer Videokamera).

Wenn alle Teilnehmer einmal die Rolle des „Guru" gespielt haben, leitet der Animateur die Phase des Austausches über das während der Sitzung Gelebte ein.

– Das existentielle und heuristische Interesse des „Guru-Spieles"

Dieses Spiel überrascht durch die Tiefe der Antworten, die spontan von den Ansprechpartnern gegeben werden. Selbstverständlich variieren die Antworten je nach den Fähigkeiten des „Gurus" zur Verinnerlichung (und ohne Zweifel auch von seiner ontologischen Reife). Aber diese Rolle zu übernehmen trägt dazu bei, sich als eine von den anderen „anerkannte" hervorragende Persönlichkeit zu fühlen. Dies erlaubt, einen Prozeß der inneren Rechtfertigung (sein eigener Schöpfer werden), was für Menschen sehr günstig ist, die in dieser Hinsicht gehemmt sind. Anscheinend wird in dieser Art von Spiel der „Pygmalion-Effekt" in großem Maße spürbar. Die Schüler legitimieren das Wort des Guru ipso facto. In ihm werden dadurch unvorhersehbare intuitive Fähigkeiten freigesetzt. Im übrigen bilden sich keine Machtkämpfe heraus, denn alle Schüler werden ja nacheinander selbst „Guru". Die Antworten sind oft kurz und bündig. Sie scheinen aber effizienter zu sein, wenn sie symbolhaltiger und poetischer formuliert sind, denn sie erlauben es den Schülern, die Antwort für ihren eigenen Fall zu erträumen.

So laute z.B. eine Antwort auf die Frage „Warum muß man lernen, den Sterbenden zuzuhören?": „Die Sterbenden müssen wohl lernen, den Lebenden zuzuhören." Ich habe diese Frage im Zusammenhang mit einer mehrjährigen existentiellen Aktionsforschung gestellt, die dieses Thema vertiefen sollte. Ich war über die Triftigkeit der Antwort völlig erstaunt, die Pierre als „Guru" gegeben hat, eine Triftigkeit, die von zahlreichen klinischen Zeugnissen nur illustriert wird. (Auszug aus meinem Forschungstagebuch)

d) Ein Beispiel für eine gestaltpädagogische Methode.

Heinrich Dauber

Dieses Beispiel stammt aus den Überlegungen nach der Begegnung in Chambon:

Im Plenum wird verschiedentlich der Wunsch ausgedrückt, die Plenumsdiskussion zu beenden, um sich „irgendwie" auf einer anderen Ebene näher kennenzulernen (Gewahrsein). Dazu wird eine körperorientierte Übung gewünscht, die ich leiten soll (Bewußtheit). Verbunden mit einigen einfachen Atemübungen entsteht in der Gruppe rasch eine Atmosphäre ausgelassener Fröhlichkeit (Energie). Jeder sucht sich in der Umgebung des Tagungshauses ein Objekt aus, das er in die Gruppe mitbringt und den anderen zeigt (Handlung). Jede(r) Einzelne meditiert etwas über sein Objekt: welche Bedeutung, Botschaft hat dieser Stein, diese Blume, dieses Holz etc. für mich (Kontakt)? Diese „Botschaft" wird als kurzer Text, als Gedicht o.ä. aufgeschrieben (Lösung) und den anderen Gruppenmitgliedern vorgetragen. Die Gruppe hört schweigend zu (Rückzug). Die Objekte werden in eine Gruppenausstellung integriert. Das Gruppenklima ist deutlich verändert. Die Einzelnen werden klarer in ihrer Unterschiedlichkeit wahrgenommen. Das gegenseitige Vertrauen hat eine breitere Basis gefunden (--> Gruppenwahrnehmung).

Theoretisch bleibt anzumerken, daß diese Form von Gestaltgruppenarbeit stärker orientiert ist an bewußten Prozessen im „Hier und Jetzt" als an unbewußten Prozessen oder lateralen Übertragungen/Gegenübertragungen zum Leiter. Vom Konzept her, nicht unbedingt von der praktischen Durchführung, ist eine Tendenz zur Gruppenzentrierung bei gleichzeitiger Vernachlässigung des ökologischen und institutionellen Umfeldes naheliegend. In dieser Hinsicht weiterführende Gestaltgruppen-Konzepte (vor allem R. Frühmann) haben den Nachteil, keine klaren Prozeßphasen i.S. der Gruppenentwicklung unterscheiden zu können. Im folgenden werden einige der Texte, die in Chambon während dieser Übung entstanden sind, vorgestellt.

> *Der Stein*
> Ich sehe dich unentschlossen. Glaube nicht, daß ich dieses kleine träge Teil der Natur sei. Ich komme vom Ende der Welt und bin das Ende des Universums. Wenn du willst, entführe ich dich in meine früheren Gefilde. Du mußt nur verstehen, zu diesem Feuer hinabzusteigen, das mich beseelt, strahlender als eine Nelke.
> Einst war ich Glut, und mehr noch.
> Ich war stürmische und wirbelnde Magma.
> Weißt du, daß ich schon in meinen schwindelerregenden Strudeln für dich geschaffen war?

Weißt du, daß dieses mein Licht für immer die Tiefen deines Schicksals erhellen soll?
Sag mir, warum du mich nicht mit den Augen eines Weisen anschaust?
Morgen, wenn du noch länger wartest, wird es zu spät sein. Der Himmel wird wieder sein heimliches Gesicht aufsetzen. Von meiner Erde wirst du nichts wiedererkennen. Ich liebe dich, weil ich du bin, hier und jetzt, gestern, heute und morgen.

René

Welle, vage
Vages Objekt
Schwimmt auf dem Strudel
ich halte mich fest an einer versunkenen Insel
ich breche mich an toten Jahren
über das Glas hinaus
über den Traum hinaus
Gefäß ohne Wände
Sonne, die im Kristallgrund erlöscht
Ich komme,
aber ich bleibe nicht
ich strecke mich
ich höre mich
ich höre dich
die Augen im Strudel
die Orte im Wirbel
ich schlingere
ich schlingere
ohne jemals anzuhalten
mit einer Grundwelle im Grunde der Seele

Fabrice

Wasserpflanze, du kommst aus dem Sumpf voller Geschichte, verschachtelte Geschichten wie russische Puppen, „Schachtelhalm"*, ineinander gefügt, was dir Form und Existenz verleiht, Geheimes jedes deiner Ringe deiner Geschichte, du wächst grün über dem schwarzen Wasser

Jacqueline

Tannenzapfen

Ein kleines Ding,
das man gerne in die Hand nimmt,
aber das beim Berühren
zu rebellieren scheint

* Deutsch im Original

fast stachelig
trotz der Sanftheit seines Boden
Frucht des Baumes
voller Saft
werdender Baum
potentielle Kraft
die an die Oberfläche fließt
auf der Lauer
kondensiertes Leben
kondensierter Sinn

Claire

Ich bin ganz einfach, gewöhnlich. Ich unterscheide mich nicht besonders von anderen Kräutern. Aber wenn man genauer hinschaut, bin ich doch nicht so einfach, habe ich ein recht komplexes Wesen.
Ich bin widerstandsfähig. Du kannst mich nehmen und beim Laufen auf mir herumkauen, ich werde nicht sofort welken oder erschlaffen. Ich begleite dich auf deinem Spaziergang.
Nur da, ohne großes Aufsehen. Mit dir, wenn du läufst.

Florence

Blume unter anderen,
Klar, nüchtern, einfach,
Zerbrechlich
Atmet, lebt,
Schaut, fühlt
Wasser, Erde, Sonne
Sind ihre Nahrung
Um ihr Herz zu entfalten
Und ihre Schönheit...
Bevor sie stirbt.

Isabelle

e) Abweichungen in einer Arbeitsmethode („le dispositif dérivé")

Florence Giust-Desprairies

Abschließend stellen wir eine Methode dar, die während des Ablaufs einen Veränderungsprozeß erfahren hat.

– *Die Situation:*
Die Forschungsgruppe (Teilnehmer und Teamer) sind zu einer Begegnung von einer Woche zusammengekommen. Es handelt sich um die zweite Begegnung der Gruppe, aber die eigentliche Forschung beginnt erst mit diesem Treffen. Es sind bereits körperbezogene Arbeitsmethoden angewandt worden, und es hat ein Austausch über unsere Vorstellungen zur Bildung stattgefunden, aber wir sind noch nicht der Frage nach den einzelnen Interessen an der Forschung nachgegangen.

Einer der Teamer möchte, daß dieser Punkt auf der Tagesordnung behandelt wird und schlägt daher folgende, in der Gruppendynamik übliche Arbeitsmethode vor:

Die fünf Mitglieder des Forscherteams werden aufgefordert, sich in die Mitte der großen Gruppe zu setzen, um zusammen eine Diskussion über den Sinn zu führen, den die Forschung für sie hat.

Das Ziel dieses Arrangements sollte sein, deutlicher zu machen: Die Teilnehmer sind nicht verpflichtet, sich über die Forschungsziele klar zu werden. Die Mitglieder des Teams dagegen müssen dafür ein Interesse haben, und sei es nur weil sie durch ihren Vertrag dazu angehalten sind. Die Aufforderung an die Teamer, sich gemeinsam darüber auszutauschen, könnte es den Teilnehmern erlauben, sich mit ihren eigenen Interessen dazu zu verhalten. Die Diskussion sollte in eine offenere Debatte münden, in deren Verlauf es möglich wird, die unterschiedlichen Schwerpunkte abzustecken.

Kaum ist diese Methode vorgeschlagen, ruft sie heftige Reaktionen hervor:

– von seiten einiger Teamer, die es ablehnen, sich in die Mitte zu setzen und sich auf die vorgeschlagene Methode einzulassen, oder die sich schnell zurückziehen.
– von seiten der Teilnehmer, die einen vehementen Protest hervorbringen: „Wir sind mit dieser Regel nicht einverstanden. Wir möchten keine Trennung zwischen den Teamern und den Teilnehmern. Das ist ja wie eine Prüfung, etc".

Die Mitglieder der gesamten Gruppe reagieren heftig auf diese Unterscheidung, die zwischen den Forschern und den anderen getroffen werden sollte, um eine Debatte über die Forschung in Gang zu bringen.

Wir haben gesagt, daß sich die Verschiebung von einer pädagogischen zu einer analytischen Methode aufgrund eines Bruchs, einer Schwierigkeit und genau zu dem Zeitpunkt vollzieht, wo die Regeln aufgestellt oder die Übung durchgeführt werden soll. An diesem Beispiel sehen wir nun, wie die Arbeitsmethode, anstatt praktiziert zu werden, unerwartete Wirkungen erzielt und wie ein Analysator (analyseur) gewirkt hat. Über das ursprüngliche Projekt des Teamers hinausgehend kommt es dazu, daß ein Protest in der Gruppe ausgedrückt wird, der sich auf Fragen der Macht (Status, Platz, Wissen) und der Unterschiede (theoretische, nationale, emotionale, etc.) bezieht.

Diese so „umfunktionierte" Arbeitsmethode hat es somit nicht erlaubt, die Forschungsinteressen jedes einzelnen zu erkunden. Dafür aber hat sie für die Gruppe die Existenz einer starken und konfliktreichen Problematik um die Macht und die Unterschiede erkennen lassen. In diesem Sinn war die Arbeitsmethode analytisch, da sie ein Ereignis in der Gruppe hervorrief, das es, als es analysiert war, ermöglichte, die kollektive Dynamik besser zu verstehen.

Abschließende Bemerkungen

Die Förderung interkultureller Begegnungen beruht auf der Vorstellung, daß kulturelle Vielfalt für die Beziehungen zwischen Bürgern unterschiedlicher Nationen eine Bereicherung darstellt. Was bei diesen Begegnungen wirklich auf dem Spiel steht, scheint uns in der Möglichkeit der Anerkennung des Anderen zu liegen, sowie in der Erkennung seiner spezifischen Logik, was die Selbsterkenntnis jedes Einzelnen auch seiner eigenen Logik mit beinhaltet.

Allerdings bleibt all das in den Begegnungen häufig verborgen, weil sie von ihrer Anlage her die Unterschiede eher nivellieren, indem sie in ihren Mittelpunkt vor allem die Beschäftigung mit einem gemeinsamen Gegenstand stellen. Wird diese Beschäftigung und die damit einhergehenden Aktivitäten – ausgehend von denen dann sich die Gruppen bilden – als für die Begegnung ausschlaggebend bezeichnet, so hat dies die Funktion bzw. die Wirkung, Unterscheidungsmöglichkeiten und damit Konflikte herauszunehmen. Im Vordergrund der Begegnung stehen dann die Gemeinsamkeiten: Zum Beispiel das Treffen in einem Informatik-Seminar kann die Gelegenheit bieten, eine gemeinsame transnationale Sprache zu finden unter Ausklammerung einer Auseinandersetzung mit den Kulturen der sich begegnenden Personen. Ähnliches gilt meistens auch in anderen Bereichen, wie z.B. Kunst, Sport, Beruf, fachbezogenes Lernen (einschl. Schule und Universität) usw.

Neben der Tatsache, daß sich die Wahrnehmnung des Anderen dann im wesentlichen auch auf das „Technische“ reduziert, tritt mit dieser Ausgangsposition die Überzeugung einer „guten Begegnung“ an die Stelle von Anerkennung der Unterschiede, die Überbetonung eines Verständigungs-Ideals tritt an die Stelle gelebter Widersprüche.

Unsere Forschungsarbeiten haben deutlich gemacht, wie bestimmte Beziehungsgeflechte zwischen den Einzelnen sowie ihre Überzeugungen als Identifizierung mit „friedlichen“ Idealen ihre Möglichkeiten eingeschränkt haben, von der Auseinandersetzung zu profitieren, weil sie als gefährlich erlebt wurde.

Die Beteiligten entfernen sich davon und vermeiden es, sich darauf einzulassen, weil sie sich die Regel des „guten Einvernehmens“ als „Ideologie“ zu eigen machen.

Als Konsequenz folgt daraus, daß das Interesse am Anderen von einem „kulturellen Zaun“ umgeben ist und nicht darüber hinwegsteigen kann. Hinter zur Schau gestellten Äußerungen verdecken sich bei den Personen, häufig ohne es zu wissen, stereotypisierte Vorstellungen der Einzelnen.

Wir haben aber unsererseits die Erfahrung gemacht, daß eine wirkliche Auseinandersetzung und deren Verarbeitung sich in der Entwicklung aufeinanderfolgender Phasen vollzieht. Es können Fähigkeiten erweitert werden, die es erlauben, auch tief verankerte Bilder zu überwinden und schöpferische Kräfte von Personen und Gruppen zu entfalten.

Diese Be- und Verarbeitung sind das Ergebnis von Subjektivitäten, die hervortreten, wenn Personen ihre eigenen Beschäftigungen mit ihrer eigenen Geschichte, ihren eigenen Werten, Konflikten, ihren Vorstellungen einbringen können. Dies sind Aufgaben, die sich heute für junge Menschen und besonders in krisenhaften Übergängen (z.B. von der Ausbildung in den Beruf) unvermeidlich stellen. Solche Erfahrungen sind auch das Ergebnis intersubjektiver Prozesse, die sich teilweise aus der besonderen Begegnungssituation entwickeln.

Daraus zeichnet sich eine andere interkulturelle Herangehensweise ab: Ihr wichtigstes Ziel ist die Entwicklung von Eigenständigkeit sowie die Unterstützung von Versuchen erfinderischer Neuordnung der Realität. Durch die Verminderung von Abwehrmechanismen und Ängsten können solche Be- und Verarbeitungen Energien für Neues freisetzen.

Der Übergang von verfestigten, auf Überzeugungen beruhenden Positionen zu einer Haltung, die zur individuellen und kollektiven Aufarbeitung eines verinnerlichten Ideals führt, bedarf einer viel längeren Dauer, als sich einem solchen Ideal einfach anzuschließen.

Sich selbst anzunähern, sich dem Anderen, dem Fremden, dem Unterschiedlichen anzunähern, setzt voraus, sich für eine gewisse Dauer auf die Begegnung einzulassen. Hierin besteht die Voraussetzung für eine Be- und Verarbeitung des Anders-Seins in beiden Dimensionen: des Verhältnisses zum Fremden als dem Anderen, des Verhältnisses zum „Anderen“ in sich selbst.

Wenn die Begegnung mit kulturellen Unterschieden bewirkt, Trennungen, Teilungen oder Verschließungen zu reaktivieren, erlaubt sie es aber gleichzeitig auch, beim Anderen Ansatzpunkte zur Unterstützung einer eigenen Entwicklungsdynamik zu finden. Dieses bessere Verständnis von sich selbst und des Anderen ermöglicht es auch, stereotypisierte und repetitive Verhaltensweisen zu verlassen und sich für neue gesellschaftliche Bindungen zu öffnen.

Hinzu kommt, daß diese Arbeit es – neben dem bewußten Leben von Unterschieden – auch erlaubt, die gemeinsam geteilten Werte und Verhaltensweisen zu verdeutlichen, was dann wiederum das Vorhandensein einer wirklichen Solidarität zwischen den Teilnehmern bestätigt.

Im Verlaufe unserer Forschungsarbeiten haben wir gesehen, daß die Herstellung von Einigkeit sehr häufig einen Abwehrmechanismus gegen die Furcht dargestellt hat, unsere Unterschiede wirklich anzugehen, was uns auf der Beziehungsebene zu einer „Verbrüderungsdynamik" geführt hat. Eine aus gegenseitiger Anerkennung entstandene Solidarität stellt eine Voraussetzung dafür dar, ausgehend von unterschiedlichen Positionen das Wagnis einer echten Auseinandersetzung aufnehmen zu können.

In diesem Buch haben wir versucht, über die Erfahrungen mit einer interkulturellen Konfrontation in einer deutsch-französischen Forschungsgruppe zu berichten und diese zu analysieren. Wir hoffen, damit einen Beitrag zur Reflexion über die Art und Weise zu leisten, wie diese Auseinandersetzung angegangen werden kann. Wir haben aufgezeigt, wie wichtig es ist, in den Mittelpunkt der Begegnung und ihrer Aktivitäten die Beschäftigung mit dem Anders-Sein zu stellen, mit dem Verhältnis jedes Einzelnen zum Anderen, zum Selbst, hin zu einer kulturellen Vielfalt, die akzeptiert und gemeinsam getragen werden kann.

Literatur[24]

Anzieu, D.: Le groupe et l'inconscient, Paris, Dunod, 1981
Ardoino, J.: Education et relations, Paris, Gauthier-Villars, 1980
Baacke, D. (Hrsg.): Aus Geschichten lernen, München, Juventa, 1979
Barbier, R.: La recherche-action dans l'institution éducative, Paris, Gauthier-Villars, 1977
Barbier, R.: La recherche-formation existentielle. In: Histoire de vie en formation, Paris, L'Harmattan, 1989
Barbier, R.: La recherche-action, Paris, Anthropos, 1996
Barus-Michel, J.: Le sujet social, Paris, Dunod, 1987
Barus-Michel, J.: Pouvoir. Mythe et réalité, Paris, Klincksiek, 1991
Bertaux, D.: Histoires de Vie: méthodologie de l'approche biographique en sociologie, Paris, Cordès, 1976
Bion, W.R.: Erfahrungen in Gruppen und andere Schriften, Stuttgart, Klett, 1971
Bradford, L.P., Gibb, J.R., Benne, K.D.: Gruppentraining. T-Gruppentheorie und Laboratoriumsmethode, Stuttgart, Klett, 1972
Buber, M. : Ich und Du, Heidelberg, Lambert, Schneider (1923) 7. Aufl. 1977
Camon, F. : La maladie humaine, Paris, 1981
Colin, L., Müller B. (Hrsg.): La pédagogie des rencontres interculturelles, Paris, Anthropos, 1996 (erscheint in deutscher Fassung im Frühj. 1997 bei Campus, Frankfurt/M.)
Dauber, H.: Selbstorganisation und Teilnehmerorientierung als Herausforderung für die Erwachsenenbildung. In: Breloer, G., Dauber, H., Tietgens, H.: Teilnehmerorientierung und Selbststeuerung in der Erwachsenenbildung, Braunschweig, Westermann, 1980, S. 113-176
Dauber, H.: Vom Recht auf Befremdung, auf Gemeinheit und auf Ungezogenheit. In: Beck, J. u.a.: Das Recht auf Ungezogenheit. Reinbek, Rowohlt, 1983 S. 63-84
Dauber, H., Simpfendörfer, W. (Hrsg.): Eigener Haushalt und bewohnter Erdkreis. Wuppertal, Hammer, 1981
Demorgon, J.: L'exploration interculturelle, Paris, Armand Colin, 1989
Finger, M.: La méthode biographique, un instrument de recherche? In: Les cahiers de la section des sciences de l'éducation, séries recherches, Nr. 8, Paris, 1984
Freud, S.: Wege der psychoanalytischen Therapie (1919). In: Freud, S., Studienausgabe Ergänzungsband, Frankfurt/M., S. Fischer, 1975, S. 239-249
Freud, S.: Massenpsychologie und Ich-Analyse (1921). In: Freud, S., Studienausgabe Bd. IW Frankfurt/M., S. Fischer, 1974, S. 61-134
Gaulejac, V. de: La névrose de classe, Paris, Hommes et Groupes, 1985
Giust-Desprairies, F.: Le sujet dans la représentation sociale. In: Connexions Nr. 51, Paris, 1988
Giust-Desprairies, F.: L'enfant rêvé, Paris, Armand Colin, 1989
Giust-Desprairies, F.: Le procès de formation: Pluralité des représentations et dynamique interne. In: Pratiques de Formation Nr. 15, Paris, 1988
Giust-Desprairies, F.: La crise comme rupture des systèmes des représentations. In: Psychologie Clinique Nr. 5, Paris, 1991
Giust-Desprairies, F.: Des groupes institués. In: Psychologie Clinique Nr. 8, L'Harmattan, 1996
Goethe, J.v.: Wilhelm Meisters Lehrjahre, 2. Teil. Zit nach dtv Gesamtausgabe (Artemisausgabe) Bd. 16, München, 1962
Grof, St.: Tod, Geburt und Transzendenz, München, 1985
Guattari, F.: Psychoanalyse et transversalité, Paris, Ed. Maspéro, 1972

---

24 Die Literaturliste enthält, abgesehen von zitierten Titeln, Verweise auf Texte, die als theoretischer Hintergrund der vorgestellten Konzepte und zur vertiefenden Lektüre geeignet sind.

Jaques, E.: L'utilisation du groupe d'évolution comme méthode du changement social. In: Connexions Nr. 3, Paris, EPI, 1972
Ladmiral, J.R., Lipiansky, E.M.: La communication interculturelle, Paris, Armand Colin, 1989
Lapassade, G.: Gruppen, Organisationen, Institutionen (Orig. 1967), Stuttgart, Klett, 1972
Lipiansky, E.M.: Heißt interkulturelle Ausbildung Bekämpfung von Stereotypen und Vorurteilen? DFJW Arbeitstexte Nr. 14, Bad Honnef, Paris, 1996
Moscovici, S.: Psychologie des minorités actives, Paris, PUF, 1979
Müller, B.: Das Thomas-Mann-Syndrom oder: Die Wiederentdeckung der Vorurteile, DFJW Arbeitstexte Nr. 9, Bad Honnef, Paris, 1995 (2. Aufl.)
Müller, B.: Evaluation internationaler Begegnungen. Mit Beiträgen von J. Demorgon und H. Nicklas. DFJW Arbeitstexte Nr. 12, Bad Honnef, Paris, 1995
Müller, B., Pagès, M.: Existentielle Animation. In: Friedensanalysen für Theorie und Praxis 10, Frankfurt/M., Suhrkamp, 1979, S. 136-160
Pagès, M.: Das affektive Leben der Gruppen (Orig. 1968), Stuttgart, Klett, 1974
Petzold, H., Frühmann, G., (Hrsg.): Modelle der Gruppe in Psychotherapie und psychosozialer Arbeit, Bd. 1, Paderborn, Junfermann, 1986
Pineau, G.: Produire sa vie : autoformation et autobiographie, Paris, Editions Saint Martin
Rilke, R.M.: Briefe an einen jungen Dichter, Frankfurt/M., Suhrkamp, 1989
Rouchy, J.C.: Phénomènes inconscients dans les groupes et les organisations. In: Connexions Nr. 3, Paris
Sartre, J.P.: Saint Genet, comédien et martyr, Paris, 1952 dt.: Bemerkungen über Genet (1955)
Winnicott, D.W.: Vom Spiel zur Kreativität, (Orig. 1971), Stuttgart, Klett, 1974